JN220384

love ♥ HOME

the 収納

シンプルで美しい暮らしを作る片づけルール

決定版

Maru

CHANEL

KELLY MODDEN

BOB RICHARDSON

KARL LAGERFELD   THE LITTLE BLACK JACKET   CARINE ROITFELD

MAC
CAMERA
VAIO
UNIVERSITY
MOBILE
MESSAGECARD
TELEVISION

はじめに

小さな頃から身の回りの整理整頓が好きで
大切にしているものをきれいな箱に入れて飾ったりして楽しんでいました。
限られたスペースの中で多くのものと向き合いながら
子育てをしていた時代を経て、自分なりの片づけ方や収納の仕方を真剣に考え始め、
数年前からブログを、そして最近ではインスタグラムという形でも、
「素敵！」と思ったものや「いいな！」と感じたものを発信してきました。

うれしいことに多くの方に読んでいただき
あたたかなメッセージやご質問を寄せていただくことが増え、
ブログやインスタグラムの更新の励みとなっています。
その中でみなさんの関心が一番あると感じたのが収納についてでした。
ストレスなくものと付き合い、毎日を心地よく過ごすためにはどうしたらいいか。
みなさんも、そして私も、日々心をくだいていることがわかりました。

収納をテーマにした著書「love HOME Style 美しくシンプルな収納のアイデア集」を
出版させていただいてから、早いもので、もう2年がたちました。
子どもたちも進学して我が家のライフスタイルも変わり、
私も収納についての考え方やものの持ち方などが、さらに変化しています。
私なりの、収納について思うことやアイデアをずっと書きためてきました。

みなさまからいただいたご質問に、
少しでもたくさんお返事ができればという願いからできたのが、この本です。
我が家の部屋のほとんどの収納をオープンにして
何をどこに入れているのかをお見せしています。
美しく整ったスペースを作るための「たたみ方」も掲載させていただきました。

私は頭で考える理論派ではなく、どちらかというと感覚派タイプです。
「いいな」「できそう」と思ったことは試し、時には失敗し、
試行錯誤しながら使いやすいように変えたりします。
この本の中の収納や片づけ法は、実際に私が我が家であれこれ試しながら
してきた中で完成させた方法も多くあります。

もしも片づけが苦手だと感じていらっしゃる方がいたとしても大丈夫です。
全部を一気に完璧にするのは至難の業なので
自分にとって、やりやすい場所から少しずつ、ひとつずつ。
お気に入りの収納スペースを作り上げ、増やしていってください。
たとえ、失敗しても使い勝手がよくなかったとしても
うれしいことに収納は、何度でもやり直せます。
失敗を経て収納スキルもアップしていくのだと思います。

「好き」と「使用頻度が高い」の条件がそろったものを少なく持ち、
きちんとお手入れして愛情をかけて使う。そのための収納です。
自分なりの「ものとの付き合い方」に気づくことができたら
どのような「収納」をしていけばよいのかが見えてくる気がします。
必要なものだけが出し入れしやすい場所にある生活は本当に快適です。

この本を読み終えた時に、すぐにでも片づけをはじめたくなる。
そんな本になっていればうれしいです。

2016年11月　Mari

Mariの収納&
片づけルール7

自分にとって
「楽に続けられる」収納スタイルにする

Rule 1

キレイを保つためにしていることの中には、大変だと感じることもあると思います。時間や労力がかかると感じ、詰め替えしなくてもいいかなと思い、やめたものがあります。「行動の引き算」をしたら自分が楽になりました。そして「続けられること」により集中できるようになりました。

Rule 2

どんなものを残すかの基準を決め
まず、持ち物を減らす

片づけが苦手な人は特に、まず持ち物の量を減らすことが大事だと思います。減らすことからスタートしないと、同じ量の中で、収納場所や収納方法を変えているだけで、また元に戻ってしまいます。私は「"手離すもの"を探す」のではなく、「これからも使っていく、"残すもの"を選び取るという方法で片づけをしています。選ばれなかったものが手離すものの対象になります。なかなか手離せないものは「迷い箱」(P125)を使っての手離し方がおすすめです。

数が多いカテゴリーは使用頻度でものを分けて
収納場所や収納方法を変える

Rule 3

使用頻度が違うものが混在していると、あまり使わないものの存在がよく使うものの出し入れの妨げになるので、数が多いカテゴリーのものは、「使用頻度」や「使う場所」で、収納場所や収納の仕方を変えています。使用頻度の高いものはスペースを仕切ったり、ポンポンと置くだけと空間を少し贅沢に使った収納に。使用頻度が低いものは、このケースの中を探せばあるという程度のサクっとした収納でも、どこにあるかの場所はわかります。

カテゴリーを細かく分けすぎない

———————

複数のカテゴリーを持つアイテムも多いので、あまり細かく分けすぎて、逆にどのケースに入っているか、わからなくなる時がありました。探す時間もかかってしまったので大きなカテゴリー分けにして「この中を探せばある」というゆるい収納場所も作りました。我が家では、こちらの方が使いたいものを早く探せています。

しまうひと手間がかかっても、
「使う時」が楽な収納にする

———————

ものは使うためにあり、"使う時のためのスタンバイされた状態"が収納だと思っています。なので、しまう時にひと手間がかかっても使う時、楽に取りだせる収納の仕方になるよう心がけています。

隙間収納をしない、隙間家具を買わない

———————

隙間に合う小さな収納家具をあちこちに増やしてしまうと、色・質感や、高さ、奥行きの違いから凸凹して空間の統一感がなくなってしまうので、1カ所に収納を集中させることができる大きなスペースを作るようにしています。リビングの白いキャビネット（P96）やランドリースペースのシェルフユニット（P77）のようなタイプは、壁と一体化するデザインでたくさんものが入りスッキリ片づくのでおすすめです。

空きスペース大事にする
そして、心のゆとりにもつなげる

———————

ケースや引き出しの中などの空いたスペースは、「まだものが入る場所」と考えず、フリースペースとして活用するか、空いた空間としてそのままにして心のゆとりにつながるようにしています。カテゴリー分けで余ってしまったケースは、「フリースペース」と名付けて一緒に並べ、その場所でのカテゴリーに属さないものや、一時置き場にするなど、その存在が心強く、素早くリセット片づけもできます。

Contents

060_ Closet
クローゼット

068_ Sanitary
サニタリー

Contents

floor.02

lovehome storage & interior

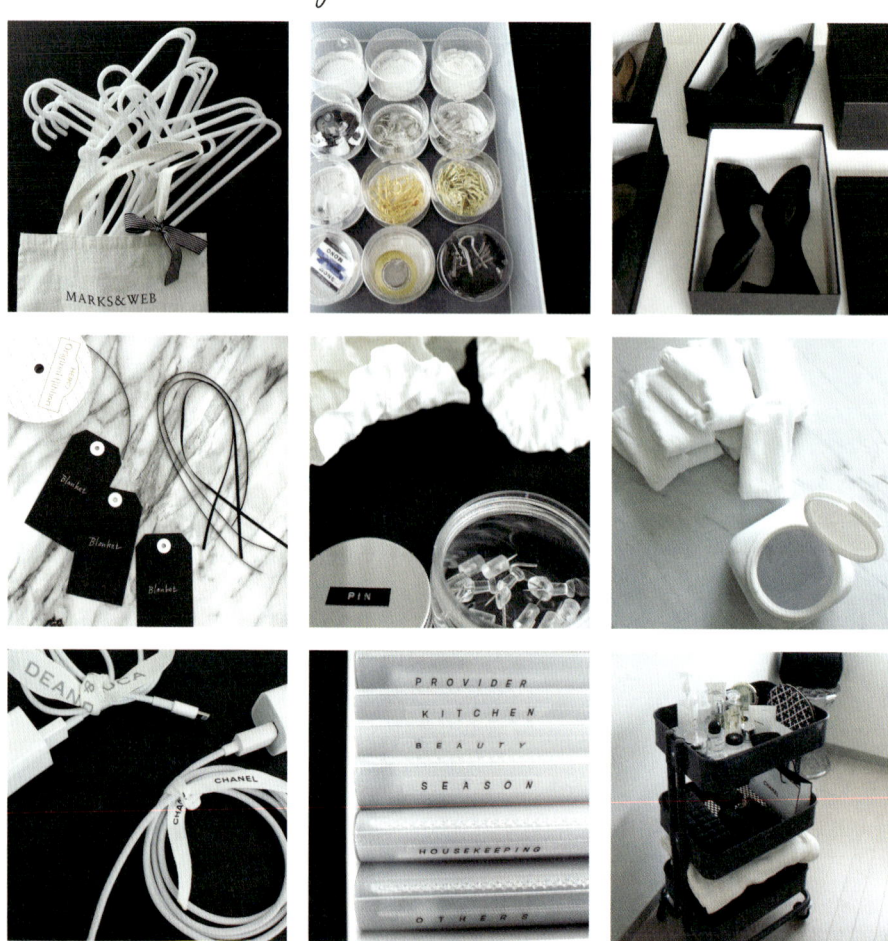

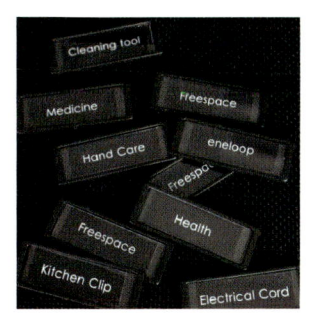

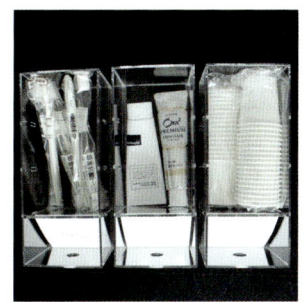

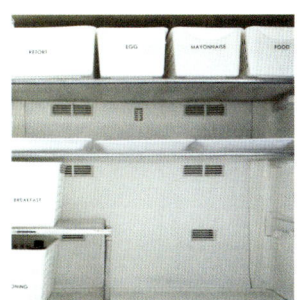

from instagram

floor

我が家は築 18 年の 2 階建て一軒家です。
1 階にはリビング、ダイニング、キッチン、クローゼット、
洗面所、バス・トイレがあり、
生活に必要なことはできるだけ 1 階でおさまるようにしています。

日々の生活の中心になる場所なので、暮らしに必要なものは置き場所を決め、
どこに何があるか、家族全員がわかるように工夫しています。

時間の推移、家族の成長とともに変わるライフスタイルに合わせ、
収納にも変化が必要だと感じています。
そのたびにみんながスムーズに動けるよう、マイナーチェンジを繰り返し、
常に"今"を大切にしたモノの持ち方をしたいと思っています。

家族の意見にも耳を傾けながら、「不便」だと感じたことを、
「便利」に変えていく方法を考え、ひとつずつ問題をクリアして、
より快適に暮らすことができるようにしていけたらと思っています。
仕事、家事、子育てと忙しい毎日ですが、
家族からの「いいね!」の言葉を聞くことが私の楽しみでもあります。

the
収納

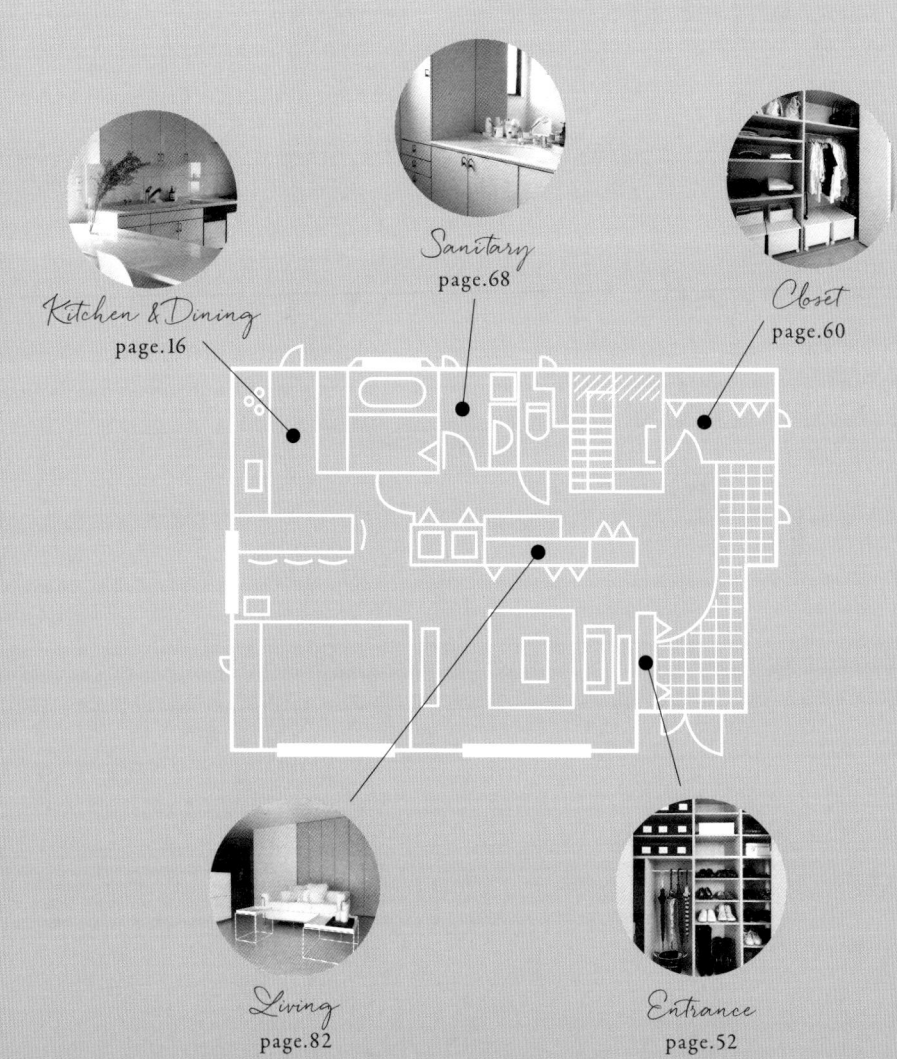

.01

Sanitary
page.68

Kitchen & Dining
page.16

Closet
page.60

Living
page.82

Entrance
page.52

Kitchen

キッチン

家を建てた時、まだ小さかった子どもたちが、
リビングで遊んでいても、
その姿が見渡せるように、
オープンスタイルのキッチンにしました。
子どもたちは大学生になった今でも
キッチンに続くダイニングテーブルで
勉強していますし、私もここで
仕事も家事もしています。
この広いダイニングテーブルは
私たち家族を結ぶ場所、
我が家の中心となる場所です。

キッチンの収納

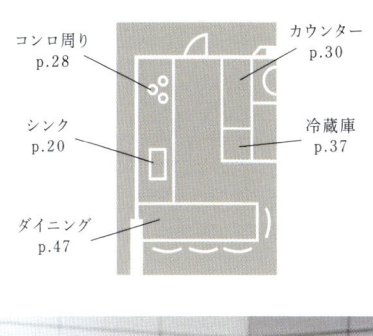

コンロ周り
p.28

カウンター
p.30

シンク
p.20

冷蔵庫
p.37

ダイニング
p.47

Point 1

キッチンは意外に
片づけやすい場所

キッチンは食品や調理器具や調理小物などたくさんのアイテムが集結する収納の山場ともいうべき場所。キッチンの片づけが苦手だという方は多いようですが、実はキッチンや洗面所などの水周りは、意外に片づけやすい場所だと思います。それは1つ1つのものの使用目的が決まっているから。基本的に1アイテムに1つを持つとを決めればスッキリ。まず1つの引き出しから片づけてみてはいかがでしょう。

Point 2

使う色を絞り、
色の多いものは隠しています

我が家の食器は白が中心で、デザインもシンプルなものがほとんど。キッチンでも使う色を絞っています。キッチンは食品のパッケージに使われている赤・黄・緑等の原色が氾濫してしまいがちなので、色味が多いものは中にしまい、調味料等もシンプルな容器に詰め替えています。

Point 3

動線を考えてものをしまうと
効率よく動けます

まな板などの調理道具はシンク周辺に、フライパンや油はコンロ周辺にと、動線を考えて収納場所を決めるとスムーズです。我が家ではキッチンに郵便物入れを作っています。それは帰宅して最初に来るのがキッチンだから。生活全般の行動を考えて収納場所を決めると楽で時短効果があります。

□ シンク上の棚

シンク上の開き戸の中の上2段に調理小物を分類して入れています。この上に棚板がありましたが、台を使わないと届かないスペースは"ないもの"として考え、あえて棚板をはずしています。

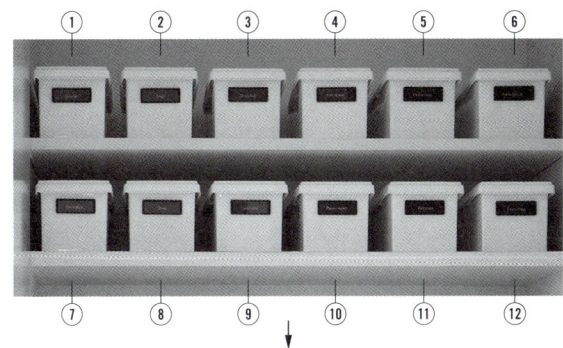

（ケース／ダイソー
「Thing case」）

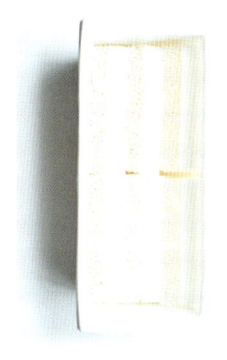

【 Sponge 】
① **キッチンスポンジ**

無印の「ウレタンフォーム三層
スポンジ」をリピート。シンク上に
ストックしておくと取り出しやすい。

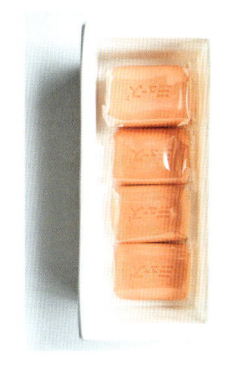

【 Soap 】
② **固形石鹸**

キッチンで使うハンドソープは
ミューズ固形石鹸を愛用。スポンジ
と同様、シンク上が最短距離。

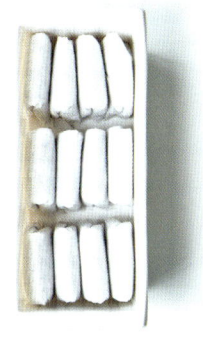

【 Oil suckup 】
③ **油吸収パッド**

100円ショップで購入。鍋に
残った油を吸収させるために
使うのでシンク上に置いている。

【 Freespace 】
④ **使い切りのビニール手袋**
（その他のもの・一時置き場）

ビニール袋はお掃除や、ハンバーグ
をこねるときにも使うので、
シンクの上がベストポジション。

【 Table goods 】
⑤ **テーブルコーディネート
用の雑貨**

コースター、箸置き、ナプキンリング
はシンク横のテーブルで使うことが
多いのでここに。

【 Straw 】
⑥ **ストロー**

黒色を100円ショップで購入。
シンク横の台で飲み物を
作ることが多いのでここがベスト。

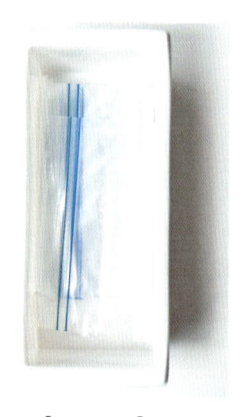

【 Paper napkin 】
⑦ 紙ナプキン
食器、耐熱容器に添えることが
多いので食卓の近くに。
100円ショップで購入。

【 Wet tissue 】
⑧ 濡れおしぼり
ゲスト用に使う頻度が高いので
食卓の近くに置くと取り出しやすい。

【 Zipper bag 】
⑨ ジップロック
下ごしらえして冷凍する食材などをすぐ
保存できるようにシンク上でスタンバイ。

ピックは種類別にサイズの合う
ケースに入れて整理。

【 Lunch box 】
⑩ お弁当グッズ
おかずカップなど
お弁当作りに使うものは手が届く、
調理台に近い場所に。

アラザンやカラースプレーは
100均 (オレンジという店でしたが
今はありません) の詰めかえ容器に入れて
使いやすく。旅行などで化粧品を
詰めかえたりする小さな容器です。

【 Decoration 】
⑪ 飲み物やデザートを
デコレーションする材料
セリアのクリアケースで中を仕切り、
チョコクランチ、キャラメルクランチを。

【 Kitchen tool 】
⑫ 使用頻度の低いキッチンツール

使う頻度の低いものは、「この中のものを見ればある」という
ざっくり収納が楽。シンク周りで使うものを集めて1カ所に。

↓

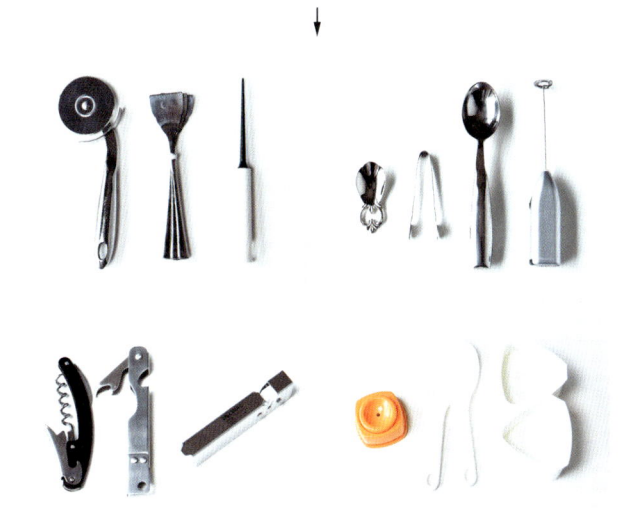

上段左から ピザカッター、もんじゃのこて、たこ焼き用ピック、ティーキ
ャディスプーン、シュガートング、アイスクリームスクープ、
ミルクフォーマー。

下段左から ワインオープナー、缶切り・栓抜き、包丁研ぎ、卵の穴あけ器、
手巻きずし用ミニしゃもじ、おにぎりの押し型。

□ シンク下

シンク周辺で使うものを収納しています。お米などのストック、まな板も使う場所に一番近いここに。キッチンで使うお掃除用品もこの場所です。

rice　pasta　seasoning

シンク下にはライスストッカー（楽天で購入）を3つ並べて米、パスタ、粉ものの調味料を入れています。重いものは下段にすると出し入れしやすいです。

① ②

キッチン洗剤はカゴに

セスキ水、重曹、クエン酸、アルコール除菌剤を揃えています。排水口にクエン酸と重曹を適量撒いて水を少し注ぐと泡が出て排水口のお掃除が自然に完了。洗剤は指で引き出しやすいのでワイヤーかごを使っています。

まな板はステンレスの専用スタンドに立てる

白のまな板と黒いカッティングボードを大小2枚持っています。白は調理用、黒は鍋敷きやオーブン料理の下敷きとして使っています。スペースにぴったり収まり、シンプルで丈夫なステンレス製のスタンドを愛用中。（まな板たて／佐藤金属興業・SALUS「デイリーまな板スタンド」）

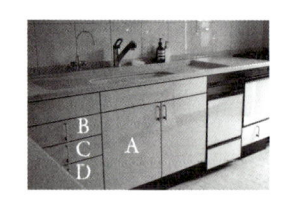

B C D A

□ シンク下の引き出し

シンクに近くまたダイニングテーブルに近い
ここにはカトラリーやお箸など食事に必要な
ものと、しゃもじやキッチンハサミなど調理
に必要なものを分類して入れています。

2段に重ねたところ

B

上段

カトラリー

カトラリーケースで仕切っていま
す。このケースは重ねられるので組
み合わせて収納量を増やしていま
す。一部だけ2段に重ねると、圧迫
感がなく出し入れもしやすいように
しています。（トレー／ジェーイー
ジェー「カトラリートレー」）

C

中段

ラップ・ホイル等

料理の下ごしらえで使
う使用頻度の高い道具
を置いています。どこ
に何があるか一目でわ
かり出し入れしやすい
ように、間隔を開けて
ポンポン置くだけの収
納に。ラップケースに
はラップ、アルミホイ
ル、フランパンシート
の3種類を詰め替えて
います。（ケース／イ
デア・イデアコ「ラッ
プホルダー」）

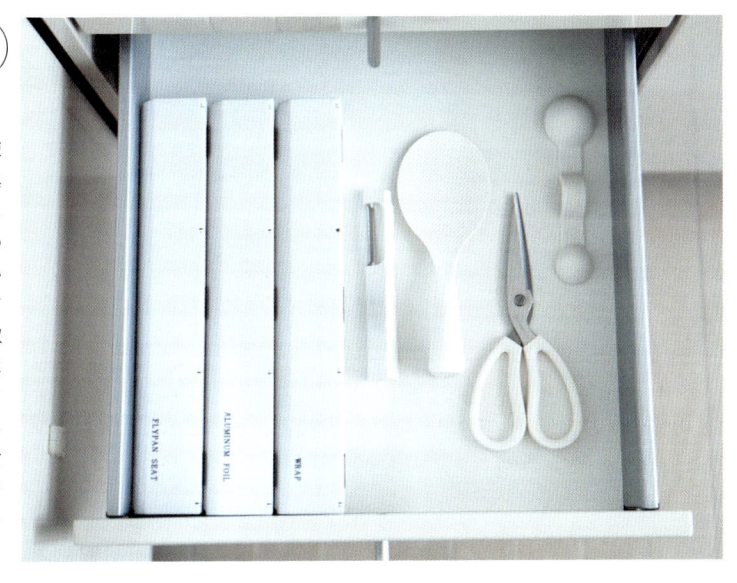

D

下段

調味料、乾物

一番下の深さがある引き出しに小麦粉、砂糖、パン粉などの主に粉ものをつめかえてアクリル製のキャニスターに。ふたにラベルを貼って上から見て中身がすぐわかるように。（キャニスター／佐藤金属興業・SALUS「イデアルキャニスター」）

スプーンと乾燥剤

粉ものにはすべてアクリル製スプーンを入れています。瓶に1つずつ入れているのでそのつど洗わなくてすみます。大さじ1のスプーンなので計量も簡単。また、珪藻土製の乾燥剤も1ピースずつ入れています。（スプーン／青芳製作所「アクリルメジャースプーンM」）

最も手が届きやすいのがシンク上の棚。普段遣いの食器やキッチンタオル、保存容器（野田琺瑯ホワイトシリーズ）やボウルとストレナーなど、よく使うものをここに収納しています。

□ シンク横の扉

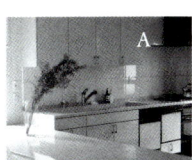

(A)

食器の選び方

食器は「我が家でどんなお料理に使えるか」を考えてから購入しています。どんなにいいと思ったものでも使うシチュエーションが浮かばないものはあきらめます。買う時は、①枚数を揃えるものと、②1枚ずつ持つか、どちらにするかも考えます。そのようにすると自然に置き場所も決まってきます。我が家では①はキッチン（上の写真）やダイニングテーブルの下（P48）に収納し、②はリビング（P96）にと分けています。日常使いは扱いやすい丈夫で重すぎないアラビアやイッタラ等北欧ブランドの食器がメインです。

タオルとふきんの選び方・使い方

どちらも同じ製品をリピートしています。タオルは決まった製品を楽天市場で購入。薄手でかさばらず、乾きやすくリーズナブルで気に入っています。ふきんも決まった製品をリピート。ドビー織で拭いた後に食器やグラスに毛ほこりがつかないタイプを愛用しています。洗濯したたたんだタオル、ふきんは一番下に入れ、取るのは上から取っていくとまんべんなく使えます。（タオル／楽天市場・コットンリリーフ「ホテル仕様しっかりタオル10枚セット」・ふきん／レック「白いふきん」）

□ コンロ周り

オイルや塩こしょうなどの調理に使うものは
コンロに近い場所に配置しています。使う場
所の側に置くのもマイルールです。

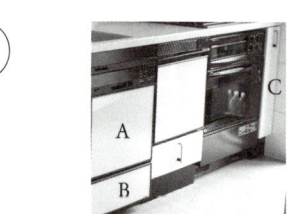

ボウルの定位置は調理道具の扱い

アラビア社のボウルをここに入れています。うど
んなどのめん類、丼ぶりもの、また、下ごしらえ
をしたお料理を入れる時も使えるのでとても便利
です。深型なので応用が効き重宝しています。ディ
ロンギのコーヒーメーカーは週末や、お客様が
きた時に使っています。(アラビア24H)

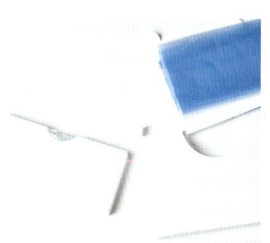

大きなサイズのケースは仕切り付きで
取り出しやすくなっています。

ごみ袋

自治体指定のごみ袋は市販の専用ケースに入れて
引き出しに。ごみ袋の大きさに合わせて2サイズ
を使っています。奥にはたたんだレジ袋(たたみ方
はP104)とキッチンのお掃除用、セリアの「油汚れ
落としクロス」が入っています。(ケース／南幸・m
on・o・tone楽天市場店「ヨコ型ゴミ袋ケース」)

よく使うものだけを
調味ラックに

コンロの下のワイヤーが組み込まれた引き出しには使用頻度の高い、塩やこしょう、オリーブオイルやごま油を入れています。調味料は詰め替えて1つずつアクリルケースに入れて定位置を作っています。油がこぼれてしまった時もケースが受け皿になるので安心です。（調味料入れ／リス・スタビアリュクス「塩・胡椒入れ」、ケース／無印良品「重なるアクリル仕切付スタンド・ハーブ(大・小)」）

油の詰め替えはやめました

油（オイル）類のつめかえ時に容器を洗ったりのお手入れが大変なのと、油の酸化の心配もありやめました。大変だと感じたことは見た目を気にせず、やめてみると気が楽になります。

余白にはパッキンを

収納用品はサイズが合わなないと中で動いて落ち着かないものです。私は100円ショップやホームセンターで売っているメラミンスポンジを切ってパッキン材にして固定しています。少し大きめに切るのがコツ。ほかの場所でもスペースに余白がでたらメラミンスポンジを適度に切って入れて固定させています。余談ですが、私は荷物をお送りする時、ダンボールの余白にメラミンスポンジをパッキン材として使っています。受け取った方がお掃除にも使っていただけるので一石二鳥です。

コンロの後ろにカウンターがあり、トースターや円型のキャビネットを置いています。引き出し、開き戸がついた収納には調理道具、鍋やフライパンを収納。私の調理の動線を考えていちばん楽に動ける場所に決めました。

□ カウンター

Ⓐ

調理道具

コンロまわりで使う調理グッズはここに。調理中にすぐ手が伸ばせる場所にあるので手早く取れます。混乱しがちな調理器具ですが、1つの目的に持つ道具は1つと決めるとものが少なくてすみます。私はレードル（お玉）だけは複数ないと不便なので2本持っていますが、そのほかは1つと決めています。ヘラは木製を使用。長年使い込んだ愛着あるものです。「炒め物用」と、「炒めるとすくうの両方ができるもの」、「穴が空いているのはホワイトソース作り」と分けています。

全景

E

F

C

A

D

B

コンロと後方のカウンター下の引き出しにキッチンツールを入れています。器具や道具は作業中、手で届く範囲に収納して、あちこち動くことなく作業ができるようにしています。

鍋とフライパン

鍋とフライパンはスタッキングできるものを選び、使わない時はコンパクトに積み重ねています。鍋はクリステル社のステンレス鍋を使っていますが、テフロン加工のフライパンは消耗品と考え、ホームセンターで売られているリーズナブルな製品を使い、テフロンなどの加工がとれたら買い替えるという流れにしています。

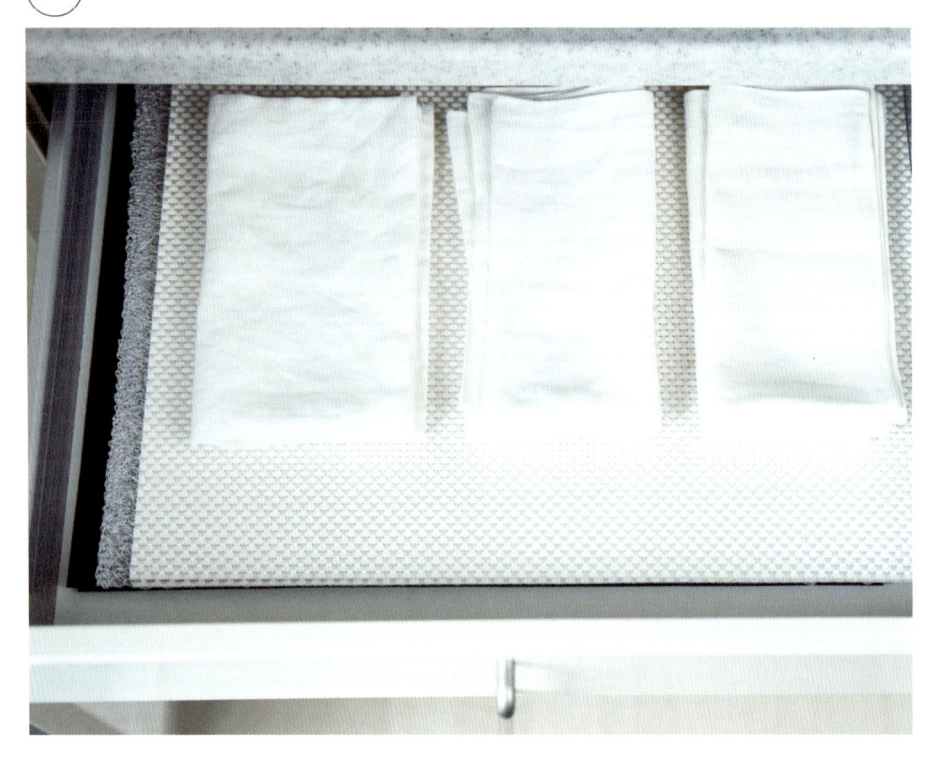

ランチョンマットとテーブルナプキン

ランチョンマットは週末などの時間にゆとりのある時や来客時に使います。お料理のじゃま
にならないシンプルカラー（黒、シルバー、白）を3色そろえ、使いたい色がとり出しやす
いよう少しずつズラして置いています。麻素材のハンカチをテーブルナプキンにしています。
（チルウィッチ／ランチョンマット）（テーブルナプキン／MARKS＆WEB）

すぐ取り出せるように、
ランチョンマットを3色ズラして入れています。

ナプキンリングがなくても
替わりにリボンを使うことも。

食品は1アイテムごとに1つの枠に。重いものは下段に。

冷蔵庫に入る以外の食品はここに入れる量だけを持つようにしています。仕切りのあるケースを使い、種類、サイズごとに分類。上段には比較的軽いものを袋から出し、上から見て何かがわかるように面を見せて収納。下段には重量のあるものを入れています。（ケース／IKEA・SKUBB「ボックス仕切り付き」）

□ カウンター上の扉

コンロ後方にカウンターがあり、吊戸棚がついています。帰宅してすぐにくるのがキッチンなので、ここには食器やキッチン用品以外にも郵便物を置く場所を作るなどしています。

上から2段目の棚に入れているもの

Freespace

Kitchen clip

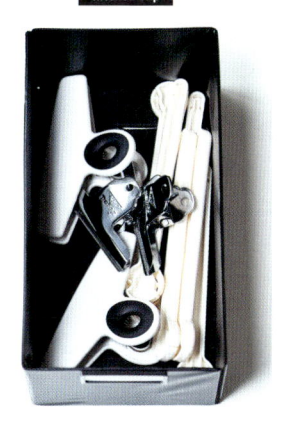

フリースペース（合カギ）

他4つのカテゴリ分けの中に入らない
ものはこのフリーなスペースに。
（ケースはダイソーの商品ですが今は
廃番）

クリップ

開封した袋を留めておくクリップは、
食品ストックと冷蔵庫と等距離のここ
に。数種類持っておくと便利。

Probisional

Medicine

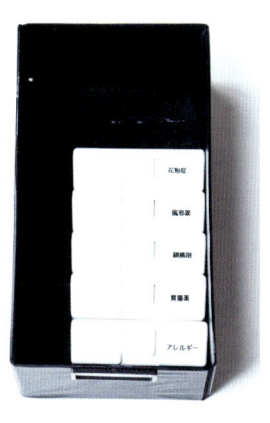

Important

郵便物の一時置き場

ポストに入っていた郵便物は帰ったら
すぐキッチンテーブルで残すものとそ
うでないものに仕分け。残すものはこ
の「一時置き場」と「長期保存のもの置き
場」へとそれぞれ分けて入れます。

のみ薬

リビングには外用薬を置き、内服薬は
ここに収納。のみ薬は水が必要なので
キッチンにあるとスムーズです。用途
別にダイソーのケースに入れています。

長期保存のもの置き場

長期に保存しておきたい書類はここに
入れます。重要なものは「ここを見れ
ば必ずある」という状態にしておくと、
必要なとき楽です。

シリアル入れ

娘の朝食用に常備しているシリアルはLeSorelle・uashmamaというブランドのもの。洗うこともできるセルロースという素材のペーパーバッグに入れています。折り方を変え、写真のようにすればショップ袋のようになり、しまえるものの幅も広がります。上部分をおしゃれなクリップで留めるのも素敵です。（袋／LeSorelle・uashmama）

マルチチェスト

作業台の上に置いても、圧迫感なくスッキリ見えるよう2段を選んでいます。下段には食パン、マフィンなどのパン類を。仕事などで私が不在の時でも子供たちが気軽に食べられるようにしています。（マルチチェスト／カルテル「コンボニビリ2段」）

| 上の段に入っているもの |

使用頻度が低いガーリックパウダーやシナモンシュガーなどの調味料はペーパーバッグにまとめています。ナッツ類、ごまはアクリル製キャニスターに入れて保存。アクリル製の瓶はガラス製より軽くて持ち運びやすいです。（ペーパーバッグ／LeSorelle・uashmama、キャニスター／佐藤金属工業・SALUS「イデアルキャニスター mini」）

□ 冷蔵庫

我が家では食材の買い物を2、3日に1回を目安にしています。お肉や魚は2、3日が消費期限のものが多いのでこの間隔で買うのが、冷凍をせずお肉や魚を使いたい我が家にとってちょうどよいペースになっています。なので、冷蔵庫の中は常にしっかりと入っているのではなく空いているスペースが多い時もあります。

| 冷蔵室 |

最上段 →P38
上から2段目 →P38
中段 →P39
下段 →P39

Point 1
食材を使い切ることが
できる流れを作る

冷蔵庫の収納は清潔であることを第一に考えていますが、買ってきた食材を無駄なく使い切ることも目標にしています。そのために、賞味期限までの日数で収納用品や見せ方を変えた我が家なりの工夫をしています。

Point 2
隠す収納と
見える収納

比較的日持ちのする食材はケースで隠し、賞味期限が近いものはトレーにのせて目立たせる。「隠す」と「見える」の2通りの冷蔵庫整理でスッキリ見えるだけではない機能面も考えた収納スタイルにしています。

Point 3
広い空きスペースを
作っておく

冷蔵庫の中段は(写真では牛乳と豆乳が入っている場所)、できるだけ広く空きスペースを作っておくようにしています。調理したお鍋をそのまま入れたり、サラダを冷やしておいたり、冷蔵庫保存が必要ないいただきものをした時。イレギュラーなシチュエーションに対応できる多目的なスペースです。

最上段

日持ちする食材を入れる

冷蔵庫の上段には比較的、日持ちのする食材を入れておきます。
賞味期限が近づいたら中段の魚や肉などの生鮮食品や
2、3日を目安で食べなければいけないものをのせているトレーに移動させる流れで、
冷蔵庫の食材を使い切るためのしくみを作っています。
食材を入れる容器は100円ショップのプラスチック製容器。
横がメッシュになっているので風通りが良く保存に最適と思って選びました。
（ケース／ダイソー）

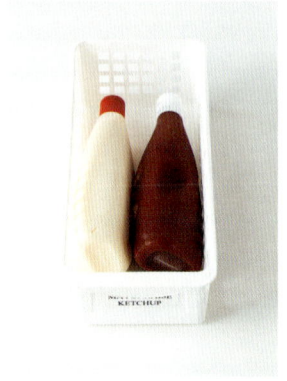

日持ちする食品

レトルト食品やソーセージなどの比較的日持ちがするものは上段に置き、賞味期限が近くなったら、下の「すぐに食べる場所」に移動させます。

卵パック

卵は、ドアポケットでなくケースに入れて保管しています。10個の卵がパックごと、ぴったり入るサイズです。取り出しやすいようにパックを開き真中をカット。蓋を卵がのっている方のケースの下に重ねて収納ケースに入れています。

マヨネーズとケチャップ

マヨネーズとケチャップは高さがあり、ポケットに収納しにくいと感じたので横置きにしてまとめて、ひとつのケースに入れています。

上から2段目

「すぐに食べる食材」はここに

肉や魚など、日持ちせず新鮮なうちに食べたい食材は中段に入れます。
下にトレーを敷いておくと取り出しやすいです。（トレー／ダイソー）

広くスペースをキープ

作ったおかずを鍋ごと入れたり、
サラダなど食べる直前まで冷やしておきたいものを入れたいので空けておくようにしています。
「朝食に必要なもの」「各種調味料」と、それぞれケースで分けて整理。

パンの日の朝食セット

パンの日の朝ごはんに必要なジャムやマーガリンなどをセット。スライスチーズは100均のクリアなケースに立てて収納。こうしてまとめておくと忙しい朝に便利です。（チーズのケース／セリア「クラフトケース」）

調味料

炒め物などの調理時も調味料をまとめてあると素早くできスムーズです。のりの佃煮や鮭びんもこの中です。

保存食品等

お味噌、梅干し、生クリームなどその他の食材入れはここです。
お味噌は詰め替えをやめたもののひとつ。お味噌汁が好きで毎日作るのですぐになくなるため
詰め替えが頻繁になり、大変だと感じるようになったのでやめました。
詰め替えの頻度が高いものは、そのまま保存すると楽になります。
（保存容器／野田琺瑯「ホワイトシリーズ」）

梅干し

臭い移りの少ない琺瑯の容器には梅干しを入れ常備しています。

左側

右側

上2段

「コンソメキューブ」「コンソメ顆粒」「ほんだし」「黒すりごま」を中身が見える透明容器に詰めかえています。

下2段

色、柄それぞれ違う容器の詰めかえずそのまま使っているものは1カ所にまとめ乱雑を軽減させています。

1段目

わさびやからしなど、チューブ入りの調味料はまとめてケースに入れてキープ。

2段目

バターとピザ用チーズは、それぞれ琺瑯の容器に詰めかえて。

3段目奥

よく使う調味料、「醤油」「酒」「昆布だし」「みりん」「酢」は容器に詰めかえて並べています。

3段目前

水だしのお茶を保冷ポットで作っています。2、3本を常備してお茶を切らすことがないように。

上段

ファミリーパックのアイスと保冷材を
セリアのケースで分けて収納。増えて
しまいがちな保冷材はケースに入る分
だけ持つ定量制にしています。

下段

「時間がない」、「疲れている」などの
大変な時は冷凍食品に頼っています。
ジップロックや冷凍食品スタンドなど
を使って開けた時にすべてが見渡せる
よう立てて整理しています。

野菜室

野菜類の他に、醤油や酒、みりんなど
の詰めかえ後、残った調味料の保存場
所としても使っています。開封後は冷蔵
保存するようにしています。

Goods Catalog

□ 我が家で活躍する
　収納用品

収納用品は入れたいもののサイズ、収納する場所のスペース、環境にあわせ適材適所、その場所にあうものを選ぶようにしています。ここでは、主にキッチンで使っている収納アイテムをまとめてみました。ネット通販（楽天など）、100円ショップ、無印良品、イケアなどで購入できます。

※サイズは基本的に幅×奥行×高さで表示。単位はcm。

野田琺瑯
「ホワイトシリーズ　レクタングル」
臭い移りがないので、保存や材料の漬け置きなど
調理道具としても欠かせないアイテム。
用途を考えて必要な容器を1つずつ購入。
上から約10×10、10×15、14×20、15×23、18×25

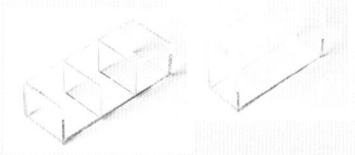

無印良品
「重なるアクリル仕切付スタンド・ハーフ(小)、(大)」
高さが低い小には塩やコショウを詰めかえている保
存容器(P45 スタビアリュクス)を、高さがある大の
方には、オリーブオイルやごま油の瓶を入れ、引き
出す時の揺れで容器が倒れないようにしています。
(小) 17.5×6.5×4.8　(大) 17.5×6.5×9.5

無印良品
「アクリル仕切りスタンド」
お皿を立てて収納したり、ブックスタンドなどと
しても。「無印のファイルボックス ワイド」と
組み合わせても。(P46) 約13.3×21×16

セリア
「クリアケース ロング」
本体と一体化した蓋がついた透明のケースです。キレ
イに積み重ねることもできるので狭いスペースの収納
用品として使えます。10本セットで売られている単三
電池がパックのままぴったりサイズで入るので我が家
では電池をサイズ別に分けて整理しています。(P92)
16.5×6.6×6

無印良品
「無印のファイルボックス ワイド」
お皿を上下に乗せて区切るなど便利な棚。
26×17.5×10

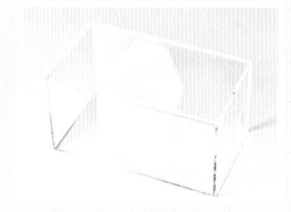

無印良品
「重なるアクリルCDボックス」
広いスペースにものを分類して入れる時等に。
約13.7×27×15.5

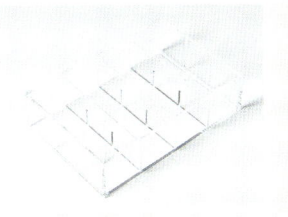

無印良品
「重なるアクリル仕切付ボックス」
小さいものの整理整頓に。(P49)

約25.8×17.5×6.1

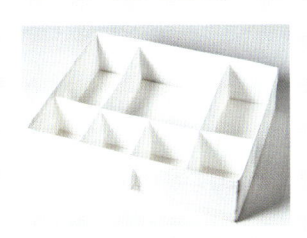

IKEA・SKUBB
「ボックス仕切り付き」。
小物衣類や文房具の収納に。応用範囲が広く便利。

44×34×11

ダイソー
「プラスチックケース」
側面がメッシュで冷気の通りがよいので冷蔵庫に
おすすめ。野菜室は色が映える黒を。

白　14×30×8.5　14×30×12.5　22×30×8.5

黒　12×20.5×10.5

ダイソー
「メラミントレイ」
表面が滑らかなのでお手入れがしやすい。
冷蔵庫内の整理に。19.5×30.5×2

無印良品
「EVAクリアケース」、「EVAケースファスナー付」
書類などを入れて。中身がわかる透明ケース。

手前から、12×8.5、16×8.5、22.1×15、26.5×18.5

無印良品
「アクリル仕切りスタンド」
大きな正方形1個(28×28) と小さい正方形3個

(14×14)、長方形2個(28×14) のボックスのセット。

そのまま使っても中に入れて使っても自由自在に。

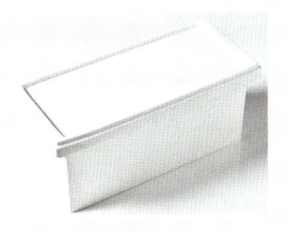

ダイソー
「Thing case」
軽いので取り出しやすい。
今は販売中止のようなので似た製品を探してみて。

28×13×11

ダイソー
「粘土ケース」
子どもの学用品用に作られたケースを
家庭用品入れに応用して。　21.1×11.1×53

**セリア
「フタ付ブラBOX」**

組み立てられるので使わない時は
平らにして収納できる。約26×19×11.5

**無印良品
「アクリルティシューボックス」**

蓋を取り外して使っても。約26×13×7

**セリア
「B5ドキュメントファイル7ポケット」**

B5判サイズの書類入れ。27.5×21×2.3

**セリア
「冷凍庫用フリーザースタンド」**

幅が変えられるスライド式。食品を立てて収納で
き出し入れが簡単。16.5×13.4×11.2

**セリア
「アルミキャップキャニスター」**

軽くて調味料や細かい文房具を入れるのに最適。
（大）約10.5×8　600ml　（小）約7×5.3　160ml

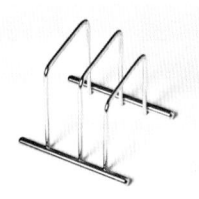

**佐藤金属興業・SALUS
「デイリーまな板スタンド」**

ステンレス製の安定感のあるまな板立て。
11.5×13.5×11.5

**佐藤金属興業・SALUS
「アクリルキャニスター」**

粉物や調味料入れに。アクリル製で軽く、取り出しやすい
のが特徴。（大）約13.2×10.1×19　（小）約10.8×7.4×12.5

**アスベル
「フォルマオイルボトル」**

シリコンノズルが付いていて適量を注げる。
ステンレスキャップ付きできれい。5.8×5.8×18.3

星硝・セラーメイト
「チャーミークリア（小）」
食材、調味料入れに。
3×8.4×11.5

リス・スタビアリュクス
「塩・こしょう入れ」
塩、こしょうが出やすくシンプルなデザイン。
5×5×10.2

ジェイイージェイ
「カトラリートレー」
写真の3パーテーションのタイプを入れて4サイズあるので
入れたい場所に合わせて自由にカスタマイズできます。積
むこともできるので空間を有効に使えます。26.3×26.3×3.2

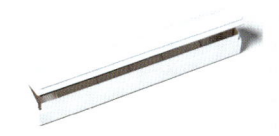

イデアコ
「ラップホルダー」
ポリラップ、アルミホイル、フライパンシートの
3種類を詰め替えて収納。壁につけることも。30

南幸楽天市場店・mon・o・tone
「キッチン消耗品用ケース」（左）
「ヨコ型ゴミ袋用ケース」（右）
混乱しがちなゴミ袋をサイズ別に分別。大きいサイズの
ケースは板が入っていてきちんとホールド。
（左）約27×12×3　（右）約29×19×3.2

南幸楽天市場店・mon・o・tone
「ホワイトキャニスター」
洗剤やウエスなど小物を入れるのにぴったりで
重宝しているキャニスター。
約14.5×14.5×17.5

南幸楽天市場店・mon・o・tone
「ブック型ケース」
使用説明書などの整理に役立つケース。立てて収納
できるので取り出しやすい。22.5×32.5×4

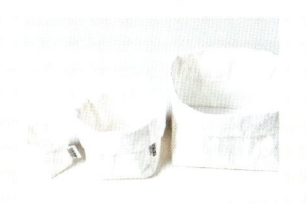

Le sorelle（レ ソレッレ）・UASHMAMA（ウオッシュママ）
「マルチバッグ」
イタリアブランドのバッグ。セルロースファイバー製の滑
らかな風合いで洗えるのもうれしい。小物や食品入れに。
（XS）5×5×11　（S）12×12×23　（L）21×15×30

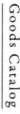

□ 収納用品の組み合せアイデア

収納用品は単品で使うだけでなく、組み合わせることで、より快適な収納空間を作ることができます。ここでは我が家でしている組み合わせ例をご紹介します。

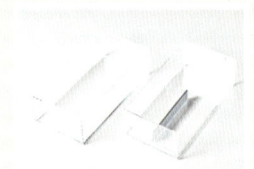

無印良品
「アクリル
　ティッシュボックス」
ダイソー
「マグネット式
　間仕切り」
×2

我が家では無印良品のアクリル製ティッシュケースの抑えの板をはずし、収納ケースとして使っています。このケースの中を縦に2つに仕切るのにぴったりなのが、ダイソーの「マグネット式間仕切り60mmです。マグネット部分を合わせて2つ入れるとジャストサイズで仕切ることができます。我が家では使用頻度の低いカトラリーの整理に使っています。(P48)

無印良品
「ポリプロピレン
　ケース引き出し」
深型
ダイソー
「キッチンケース」
×3

深さのある無印のポリプロピレン製の引き出しには、ダイソーの「キッチンケース」という商品が3つ入ります。本来の用途は塩・コショウなどの調味料の容器を並べたりするケースですが、空いている面を上に向けて置けば空間を仕切ることができる深型の収納ケースになります。ほんの少しだけ空きができるのでカットしたメラミンスポンジで入れ動かないよう固定。我が家では外用薬の収納スペースで使っています。(P92)

無印良品
「ポリプロピレン
　ケース」
　引き出し 浅型3段
ダイソー
「粘土ケース」
×3

無印良品の浅型の引き出しには蓋をした状態のダイソーの「粘土ケース

が3つ入ります。粘土ケースは本体と蓋をパーツで分けて、それぞれ収納ケースとしても使えます。ペンなどの文具、マスクや熱さましシート。ストローや割りばし…と、幅広い用途で使えるのも魅力。このサイズの収納ケースは、あまり見かけないので希少で優秀な商品だと思います。我が家では使用頻度の少ない文具をまとめて入れるケースとしても使っています。(P90)

無印良品
「ポリプロピレンケース
　引き出し 浅型3段」
セリア
「クリアケース ロング」
×6

縦長の蓋付ケースも無印良品の浅型引き出しと相性がよい商品です。縦長のケースなので長さのある小物の整理にも使えます。我が家では乾電池をサイズ別に入れるケースとして使っています。(P92)透明なので在庫もわかりやすいです。マスキングテープなら、横に並べて10個入ります。

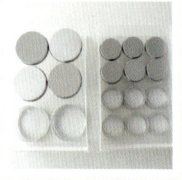

無印良品「ポリプロピレン
ケース 引き出し 浅型3段」
セリア「アルミキャップ
PETキャニスター 600ml」
×6
セリア「アルミキャップ
PETキャニスター 160ml」
×12

無印良品の「浅型引き出し3段には、セリアのアルミキャップボトルの小さいサイズ(160ml)12個、大きいサイズ(600ml)6個を、写真のようにきれいに並べて入れることができます。我が家はリビングの収納スペースで、リピートしている文房具のストックや、画鋲やダブルクリップなどの小さなものを入れる容器として使っています。(P89)

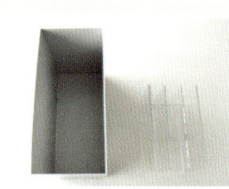

無印良品
「ポリプロピレン
　ファイルボックス
　スタンダードタイプ
　ワイド」
無印良品
「アクリル仕切り
　スタンド 3仕切り」

無印の仕切りスタンドは、ものを立てて収納したい時に便利なので 様々な場所で使っていますが(P50・P78)、特に気に入っている使用法はファイルボックスと組み合わせたもの。仕切りを入れて中を分けると、そのままでは折れ曲がってしまう雑誌が立てて入れられるようになります。P95では雑誌を収納している様子を詳しくのせています。

Dining

ダイニング

キッチンの横にダイニングテーブルがあります。
ここはキッチンとリビングを繋ぐ場所。
そして私たち家族が自然と集まる場所。
食事をしたり家事をしたり、勉強したり仕事をしたり。
多目的に使える我が家の中心です。

□ ダイニングテーブルの下

ダイニングテーブルの下にも開き戸と引き出しがあり、食器やティーセットなどを入れています。引き出しには家族共有で使う文具や情報を収納しています。

キャビネット (A)

家族それぞれの食べる量が違うので我が家ではおかずは大皿に盛り、取り分けるスタイルにしています。そのため、セッティングが楽なちょうにダイニングテーブルの下は、取り分けるための中皿を中心に小さいサイズの食器、ティポット、使用頻度の低いカトラリーなどを収納しています。アクリルケースを使うことで奥の方まで有効活用できます。奥の棚は「無印重なるアクリルCDボックス」を積んで作った収納タワーです。

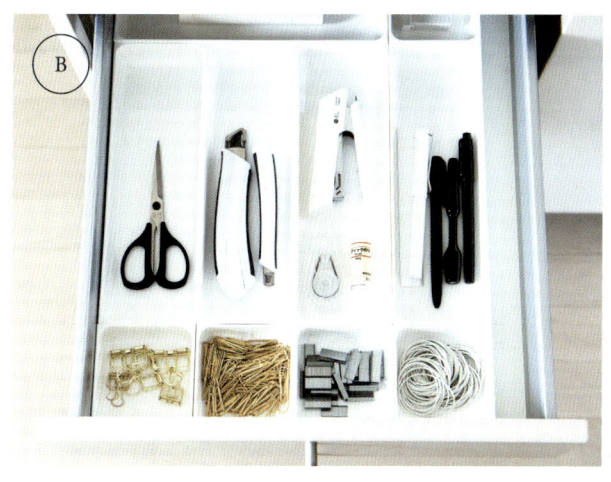

引き出し1段目

引き出しスペースの中は、サイズが4種類ありパズルのように組み合わせカスタマイズできるトレーを使っています。ここは、使用頻度の高い文房具類を収納しています。ダブルクリップ(キャンドゥ)、ゴールドのクリップ(セリア)、ホッチキスの針、輪ゴム(セリア)、はさみ、カッター(サイズ違いで2つ)、ホッチキス、スティックのり(無印)、修正テープ(無印)、シャチハタ印鑑、油性マジック(無印)、ボールペン2本(細字・太字)、体温計、メジャー(無印)。

引き出し2段目

1段目よりも使用頻度は落ちるけれど、この場所にあることでスムーズになるものを入れています。不要な郵便物の整理をするためのシュレッダー、付箋、マスキングテープ、ダイニングのエアコンのリモコン、セロテープとテープカッター。

┃ 郵便物の処理 ┃

日々入ってくる情報を速やかに取捨選択して家をスッキリ保つために
私は次のような流れで行っています。

帰宅後、ポストに入っている郵便物やチラシをダイニングテーブルの上に置く。

「長期保存するもの」「近日中に処理しなければならないもの」「不要なもの」とに分け、それぞれのボックスに入れる。(P35・カウンター上)

不要なものは、ダイニングテーブルの下の引き出しにあるシュレッダーで細かくしてゴミ箱へ。

家族で共有したい情報は5冊のクリアファイルを使い、この場所にまとめています。黒いものはメモパッドで書き留めておきたい時にサッと出せるようスタンバイ。奥にあるコロコロクリーナーはダイニングテーブルでする、洗濯ものをたたむ家事の際に使うので、座ったまま出し入れできる、この場所を定位置にしています。

5冊のクリアファイルのカテゴリー分けは「子どもたちの学校関係」「暮らしに関する情報」「マイレシピ)パソコンで作るスタイルに変えました)」「デリバリーのメニュー」「その他」

"動く収納"をワゴンで作る

収納というと特定の場所にあるものという感覚ですが、一方で使いたい場所に自由に動かすことができるワゴンを使った収納場所を作るというスタイルもあります。使う人、使う場所が違うものが1つのワゴンに共存していますが、動かすことができるので問題はありません。我が家の1階のフロアには2台のワゴンがあり、それぞれが必要に応じた場所に行き来し大活躍しています。愛用しているのは重いものを入れても動きがスムーズ、スチール製で丈夫なイケアの3段ワゴンです。（ワゴン／IKEA・RÅSUKOG「ワゴン」）

ワゴン1

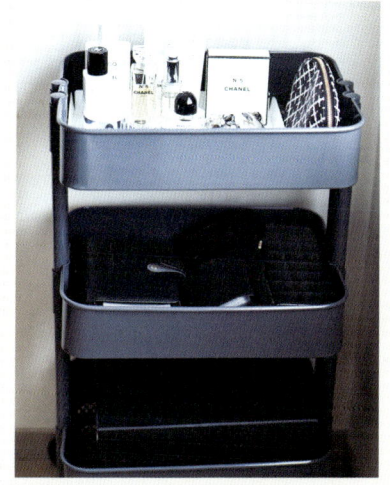

ワゴン2

私が1階で使うものをまとめたワゴンです。1段目にはコスメや香水などの毎日使う美容関連のものを置き、2段目、3段目はダイニングテーブルで仕事をするときに使うものをボックスなどに入れ、乱雑にならないようまとめています。定位置は窓際のダイニングの隅ですが仕事中は座ったイスの横に移動させ使いやすい場所に移動。見える収納なので、使うボックスはワゴンに近い色を選び同化させ、スッキリ見えるようにしています。

もう1つのワゴンは子どもたちが主に使います。1段目は、素早くダイニングテーブルの上をフラットな何もない状態にしたい時の、ものの逃げ場としていつも空に。2段目、3段目は子どもたちが1階で勉強をする時の勉強道具を入れたりする場所です。色や柄が気になる時はインテリアの雰囲気に合わせたランチョンマットを掛け、目隠ししています。

Entrance

玄関周りの収納

我が家は、玄関周辺の
収納スペースが比較的たっぷりめ。
ここでは下駄箱と使用頻度の
低いものを入れている
玄関脇の収納庫について紹介します。

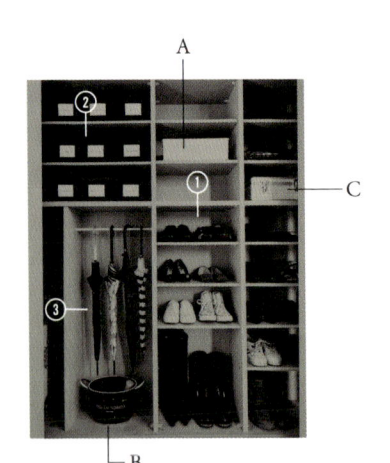

履く靴はマイ定番を
決めています。

靴は洋服や食器などと同様、嗜好によっては増えてしまいがちなアイテムなので収納スペースを決めて、その範囲内で持つ数を抑える定量制にしています。仕事で履く靴は履き心地がよく服と合わせやすいことを選ぶ基準にしているので、そんな靴と出合えたらマイ定番として同じものをリピートしています。仕事で履く靴は色違いなどを含め2〜3足。あとは、車の運転用の靴、仕事以外で履くお気に入りを何足か持てば足りています。子どもたちも今は自転車通学なので学校がある時の基本はスニーカー。同様にそのほかのお気に入りを数足持ち、現在進行形で履いている靴だけを持つようにしています。

オフシーズンの靴も
1つの下駄箱に

玄関の収納スペースはゆったりめにあるので、シーズンオフの靴も同じ場所にしまっています。しっかりとした作りの黒い紙箱は楽天市場でまとめ買い。湿気がこもらないよう蓋を本体の下に敷いて箱を開けています。春夏⇔秋冬を目安に「出して並べるもの」「箱にしまうもの」を入れ替えるだけと、靴の衣替えをこの場所で完結できるようにしています。

傘は吊って保管します

傘は数を減らし、基本ひとり1本を持つようにしたので100円ショップのつっぱり棒に傘を吊るして収納するスタイルにしました。折りたたみ傘は写真の白いケースの中に、ビニール傘は2本、車に積んでいます。

□ 下駄箱の中

その他に玄関の収納スペースには、こんなものを入れています。収納する際のちょっとした、ひと手間できれいに見えるようにしたり我が家らしさも出すようにしています。

折りたたみ傘と自転車の合鍵

雨が降りそうな日は、ここからサッと折りたたみ傘を出し出かけます。外の様子がわかる玄関に置くことで時短になります。自転車の合鍵も非常事態にここにあることで回避できます。

靴ケアセット

靴のお手入れ用品はランドレスのウォッシングバスケットにまとめています。靴クリームやブラシの他にウエスや履けなくなったストッキングやタイツもお手入れに使います。（バスケット/THE LAUNDRESS ウォッシングバケット）

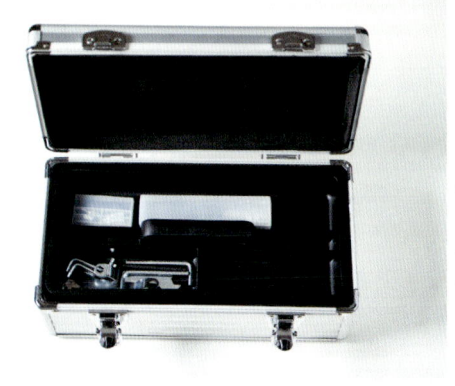

工具箱

工具類はまとめて、このアルミ製のケースに入れています。手持ちの付いたケースなので使いたい場所への持ち運びも楽。ホームセンターで購入しました。

□ 玄関脇の収納庫

玄関脇にある収納スペースには本来ある棚の中にワイヤーラックを入れ、よりフレキシブルに使えるスペースにしました。比較的使用頻度が低いもの、サイズの大きなものの収納に活用しています。

スチール棚を使って収納

棚のピッチを自由に変えられるワイヤーシェルフはホームセンターでも取り扱いのあるホームエレクターを選びました。入れたいものに合わせてカスタマイズできるこのシェルフ。とても優秀で、組み立ても一度コツを覚えると楽にできます。使う場所、用途が変わってもポールやワイヤー棚の単品売りがあるので対応でき、形を変えながら長く使える収納家具だと思います。棚／エレクター「ホームエレクター」

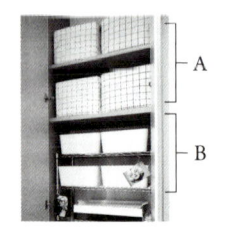

中に入れるものが多少サイズオーバーしても収めることができ、融通がきくのが布製の収納用品。また、軽いので上の段にしまっても出し入れがしやすいのも布製のよいところだと思います。このバスケットは上部分が巾着になっていて縛って使ったり、開けたまま使ったり選べます。（バスケット／ヘミングス・ピリエ「収納ボックス」）

製菓用品

お料理が好きな娘が少しずつ集めている製菓用品をまとめています。お菓子作りの道具は意外にかさばるので布製のものが入れやすく上部分を縛って中のものがまとまるようしまっています。

ペーパーナプキン

普段使いにしている100均のペーパーナプキンとは別に来客時や特別な日のためにイケアの白やマリメッコのモノトーンのペーパーナプキンもストックしています。

ショップバッグ

増えてしまいがちなショップバッグは定量制というルールで持ちます。リユースしやすいショップのもの、使いやすいサイズのものは多めにと、バランスよくストックするようにしています。ビニール製のものも、ここに入れています。

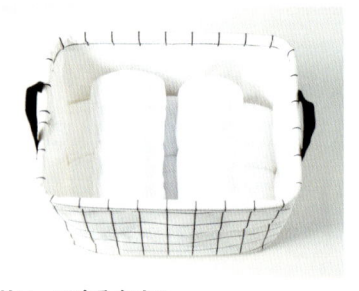

リユースするタオル

バスタオル・キッチンで手を拭くタオルの端がほつれたり破れてしまったものを、この場所に入れ、雨の日に塗れた服やバッグ、合羽などの雨具を拭くタオルにしています。たたんたあと、くるくるっと巻いて輪ゴムで留めて、コンパクトにしています。

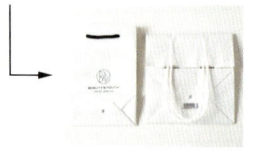

ペーパーバッグのたたみ方　持ち手のタイプ別にたたみ方を変えています。やわらかな紐の場合は紐を内側で引いてまとめ、2つ折りにして山部分を上にして立てて収納。硬くしっかりしている場合は持ち手の上部と袋の底辺を合わせて2つ折りにして、山部分を上にして立ててコンパクトにしまいます。

比較的重いもの、硬いものはしっかりとした素材のイケアのVARIERAボックスに入れています。イケアの収納用品はシンプルで使いやすくスタイリッシュなものが多く、大好きです。（IKEA／VARIERA）

ランチボックス

毎日のお弁当作りは卒業しましたが、午前から午後にかけて授業がある日は娘がお弁当を持っていくので、ケースにひとまとめにしています。

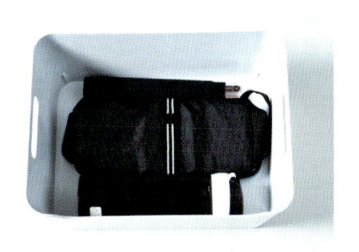

水筒

水筒は毎日ではないのですが、夏場や体育がある日に息子が持っていくのでこの場所にしまっています。

ミキサー

ミキサーも毎日使うものではないので、キッチンの作業台の上や収納スペースをできるだけゆとりを持って使うために、ここを収納場所に選んでいます。

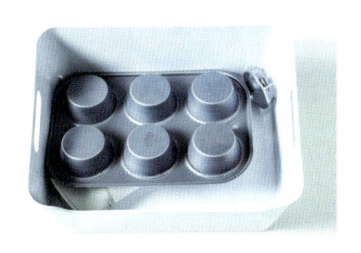

ハンドミキサー・ケーキ型

ハンドミキサー（下にあります）とマフィン型は製菓用具の中でもよく使うものなので、一緒のケースにしまい、出し入れが楽になるようにしています。

□ クローゼット横 **チェスト**

クローゼットの横の3段のチェストには、アクセサリーや子どもの下着類を収納しています。引き出しの中の広い空間をそれぞれ入れるものに合わせて仕切り機能的になるようカスタマイズしています。

玄関に近い場所にあるので外出時にすぐに取り出せて便利です。

上段

アクセサリー

上段の浅めの引き出しには無印良品のベロア仕切を組み合わせて一面を埋め、家族分のアクセサリーや時計、サングラスをしまっています。お手入れ用のクロスもここにしまい使用後は拭いてからしまうようにしています。黒く変色するのを防いだり（銀以外）、絡まり防止のため、小さなものをなくさないためにジッパー袋に入れているものもあります。

ⓐ 下着　ⓑ 靴下　ⓒ タオルハンカチ　ⓓ ポケットティッシュ

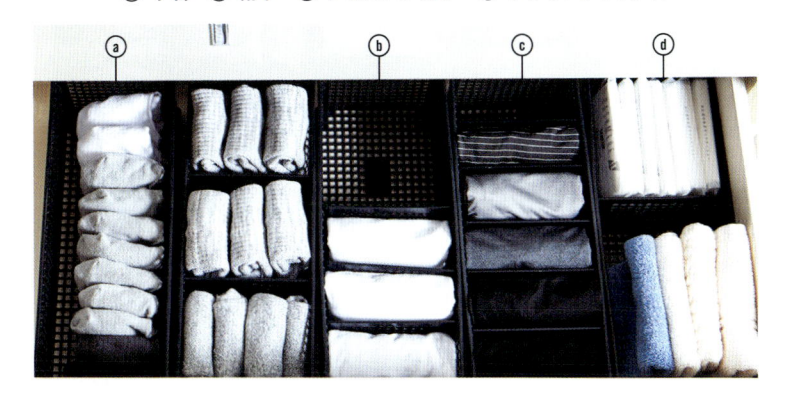

中段

ハンカチ、下着等

中段は息子のもの、一番下の段は娘のものを入れています（写真は息子のスペースです）。セリアの仕切りの位置を自由に作ることができるケースを並べています。仕切りは1アイテムに1つの空間になるように幅を決めています。こうすることで、ケース内にものがきっちり入っていない時でも倒れたり乱雑になることを防いでいます。

Closet

クローゼット

シーズン中の家族の服やファッション小物は
1階にあるクローゼットに収納しています。
子ども部屋に、それぞれの
衣類は置かないスタイルです。
服は心のゆとりにもつながるアイテムなので、
無理に制限せず、かといって増やしすぎず。
常にそのバランスを
考えて管理するようにしています。

防災グッズ
p.67

ウォークイン
クローゼット
p.62

ハンガーラック
p.65

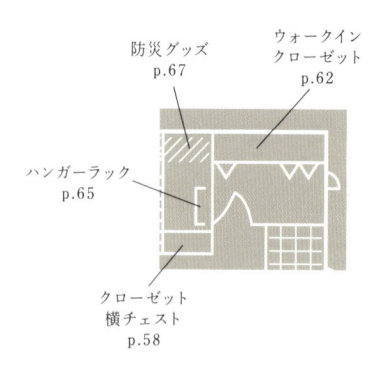

クローゼット
横チェスト
p.58

枚数を決めず、定量収納。「ここに入るだけ」と決める。

服やバッグは心にゆとりをもたらすアイテム。「○枚まで」と決めてしまうとおしゃれを楽しめず、暮らしに潤いがなくなってしまいます。"持ち過ぎず減らしすぎない"このバランスを取るために、私は服の定量収納を心がけています。スペースを決めてそれ以上は持たないと決めると、買い物のストップもかけやすいです。

「好き」と「着ているもの」2つの条件をみたしたものは意外と少ない

「高価だったから」「好きなデザインだから」という理由だけで持ち続けているものが実は多いような気がします。「好き」と「着ているもの」。この2つの思いきって条件を満たしているものだけにしてみるとクローゼットの中はかなりスッキリすると思います。

「掛ける」「積む」「並べる」「ケースに入れる」収納の仕方にメリハリをつける

クローゼットの中におさめたいものは、もの別で収納の仕方を変えています。シャツ、ブラウス、スカート、ワンピース、アウターはハンガーを使った「掛ける収納」、ボトムス、カットソー、ニット類（カーディガン、セーター）はたたんで「積む収納」、バッグは「立てて並べる収納」、その他のファッション小物は「ボックスやケースを使った収納」と、広い空間にメリハリを付けると整い見やすくなります。

□ ウォークイン
　クローゼット

1階玄関の先にウォークインクローゼットがあります。ここにはオンシーズンの服が収納されています。また、いざという時のための防災グッズもスタンバイさせています。

スペースが許す限り服はハンガーに掛ける収納にしています。好きなカラーの服が多くなりがちですがハンガーに掛けるとお目当てを見つけやすく、たたむ収納とちがい間違って広げてしまってもまたたたみ直すという手間がなく楽だからです。

D

A

C

B　F　　　　　　E

Ａ

小物はアイテム別に
小分けして

私のホームウエア、下着、ハンカチなど分類して収納ボックスに入れています。IKEAのSKUBBにカテゴリー分けのラベルを貼っています。(ケース/IKEA・SKUBB「ボックス」)

アイテムごとに分類

キャミソールやブラトップはイケアのSKUBBを組みあわせ仕切ったケースに（P43参照）立てて収納しています。（ケース／IKEA・SKUBB「ボックス6点セット」）

ファブリックスプレー

ファブリックスプレーや香水を含ませたムエット（試香紙）を乗せるなどで香りを楽しんでいます。ファブリックスプレーはザ・ランドネスの「ファブリックフレッシュ（ベビー）」という香りが好き。小さなお子さんにも好まれる香りだと思います。

C

ストール、ポーチ、たためるバックなど

クローゼット内の床近くにできた空きスペースには専用のキャスターをつけた大きめの収納ボックスを並べています。引き出しではなくフタ付きBOXにしたのはフタを上にあげるだけの省スペースで中を見わたせるからです。（ボックス／ジェイイージェイ・ファボーレヌーヴォ「ボックス」＋専用キャスター）

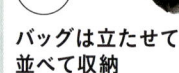

D

**バッグは立たせて
並べて収納**

自立しないバッグは型崩れしないようラッピング用品として市販されている不織布の巾着袋の中に紙の梱包材を入れた、オリジナルの芯を作り入れています。梱包材はネット通販で荷物が届いた時に入っているものを活用。大小2サイズを作ってバッグの大きさに合わせて詰め自立させています。

E

ストッキング

ストッキングのストック等はまとめてここへ。

F

**たためるバッグは
たたんでひとまとめに**

布製などの型がくずれないバッグはたたんでボックスに入れています。折って立てて入れるとお目当てがみつけやすいです。（ボックス／ジェイイージェイ・ファボーレヌーヴォ「ボックス」）

□ ハンガーラック

クローゼットの一角の空きスペースにハンガーラックを置いています。ここは娘のコーナー。子供たちふたり共に大学生になり私服の為洋服が増え手狭になったのでスペースを作りました。

□ ハンガー

かける収納は服を出す時もしまう時も、たたむ手間もなく、楽で時短にもつながります。薄手のハンガーで統一すると、見た目もきれいになり、服の間に隙間ができ風通しもよくなります。

我が家のハンガー・リスト
我が家で使っているハンガーはこの4種類。上から、MAWAハンガー「シルエット」。フランフランのリボンハンガーブラック（3本セット）は娘が使っているもの。MAWA「ベルトハンガー」はベルトを吊るしてしまえます。一番下は、ロフトで購入した「メル・クイーン」という、スカートやパンツ用のハンガー。ピンチ力がほどよくしっかりはさめて跡がつきにくいので気にいっています。

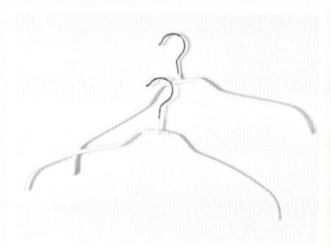

MAWAのハンガー
私はブラウスやデコルテが開いた服が多いのでハンガーにかけるとどうしても滑り落ちてしまうのが悩みのタネでした。ある時、雑誌で見たハンガーにくぎ付け。それがMAWAの製品です。スチールに塩化ビニールがコーティングされているので滑り落ちません。肩ひもの細いキャミソールなどもかけられます。（ハンガー／MAWAハンガー「シルエット」）

使っていないハンガーは収納
使っていないハンガーはボックスにまとめてクローゼットにしまい、出番を待ちます。（ボックス／ジェイイージェイ・ファボーレヌーヴォ「ボックス」）

□ 防災グッズ

クローゼットの一番奥、階段下にあたる小さなスペースに防災用品を準備しています。家族一人に1つのリュック、寝袋。4つのコンテナ(無印良品)には、保存食、水、衛生用品、簡易トイレ、ヘルメットなどを簡単なカテゴリー分けをしてしまっています。コンテナは水をためたり、トイレにしたり、野外でも使えるとても丈夫なものなので、イスやテーブルにもなり、イザという時、活躍してくれそうです。リュックはイケアのもの。目立つカラーを選んでいます。

**水はここにも
スタンバイ！**
ローリングストックで水を持つようにしているので使いながらの保存です。(P55)

Sanitary

サニタリー

家族が共有する
キッチンを含めた1階の水周りは、特に
現在進行形で
使っていないものは置かないように
ものを最小限にとどめています。
水回りがスッキリ整うと
暮らしやすさが実感できます。

使っているものだけを持つ

キッチンや洗面、トイレ、ランドリースペースなどの水周りに置くものは嗜好品というよりは、使う目的がハッキリとしたツール（道具）が主となるので、必要なものかどうかの取捨選択がしやすく、実は片づけが楽にできる場所だと思います。

ワンストックのシンプル管理

シャンプーやトリートメント、日々のお掃除に使う重曹などの消耗品は常に1つだけのストックを持つスタイルにしています。1つ使ったに、1つ買ってくるというシンプルな流れ。お買い得の時があっても、たくさん買わないようにしています。

身支度がしやすいスッキリした空間に

我が家は洗面と同じスペースにお風呂もあるので朝の身支度の時間は混み合うことが多いです。なので、洗面もできる限り隠す収納にして台の上を広く使えるように。また、引き出しや戸棚の中は、開けたらすぐに使いたいものを取りだせる、ワンアクション収納にして、忙しい朝時間がスムーズになるような仕組みを作っています。

□ 洗面所の戸棚

タオル類やお風呂や洗面周りで使うもののストック、身だしなみのお手入れ用品を収納しているスペースです。

A

洗面台扉の中

(上から1段目) バスタオル、(2段目) 綿棒、カミソリ、爪切り、お手入れバサミ、ルームスプレー、ボディミスト (3段目) フェイスタオル、バスマット、(4段目) 無印のアクリル収納棚を4つ使って12個にカテゴリー分けした引き出し収納スペースを作っています。中身は歯ブラシ、歯磨き粉、紙コップ、メラミンスポンジ、石鹸、入浴剤など。

引き出しは詰め込まず、ゆったりとした定位置を決めると見た目もきれいです。家族がものを出したままにして出かけても、すぐに元に戻せるのが理想です。

□ 洗面台引き出し（左側）

1段目　　B

無印のアクリルティシューボックス (P44) を3つ並べて引き出しの中を仕切っています。
右の2つはティッシュを抑える板をはずし、シンプルなアクリル収納ケースとして活用。
（左）ティッシュペーパー、（中央）ヘアバンド（右）娘のヘアアクセサリー・ヘアゴム

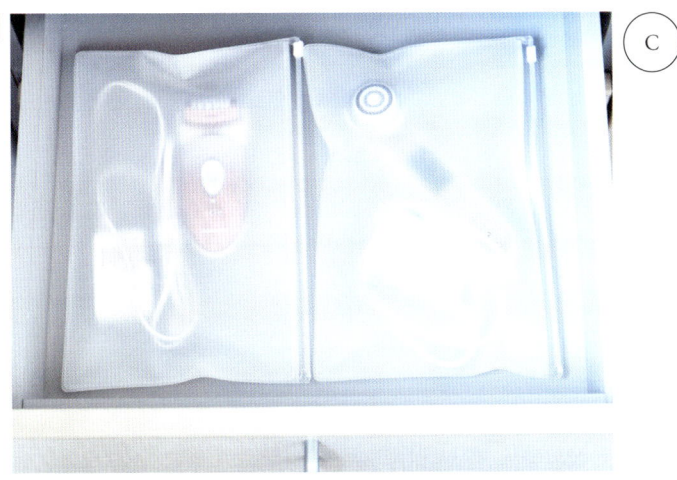

2段目　　C

無印の半透明のケースに、美顔器やシェイバーをそれぞれのコードをセットにして
入れています。こうしておくと充電する時、使う時がスムーズ。コードも行方不明
になりません。3段目の引き出しは現在何も入っていません。（ポーチ／無印良品
「EVAケース・ファスナー付」）

□ 洗面台引き出し（右側）

〈1段目〉　　　　　　　　　　　　　　　　　　　　D

ここも無印のアクリルティッシュケースを3つ使って仕切っています。（左）フェイスマスク、マルチクリーム、ヘアワックス（中央）ヘアブラシ、（右）ヘアコーム、スタンドミラー

〈2段目〉　　　　　　　　　　　　　　　　　　　　E

高さのある無印のアクリル製ボックスを2つ使って引き出しの中に3つの空間を作っています。ひとつひとつに部屋があるので、コードをラフにまとめるだけで、他のものと絡まることなく出し入れできます。（左から）ドライヤー、ブラシ付きドライヤー、カールアイロン。（ケース／無印良品「重なるアクリルCDボックス」）

ファイルボックスを3つ並べ、"シャンプー、等のバスルームで使うもの"、"重曹やクエン酸などのお掃除用品"、"お掃除をためてしまった時の即効性のあるもの"を分けて入れています。

□ 洗面台下の扉

Ⓕ

1つ詰め替えて使ったら1つ補充するワンストックスタイルと決め、シンプルな流れを作っています。(ケース/無印良品「ポロプロピレンファイルボックススタンダードタイプ・ワイド」)体重計とタンクで購入している除菌剤のストックもここです。"洗濯グッズ"、"台所用漂白剤など詰め替えずに使うもの"に分けています。

□ 洗面右の戸棚

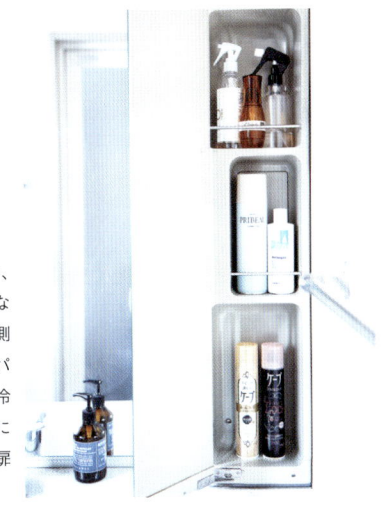

ヘアスプレーやヘアトリートメント、寝グセ直しなど、引き出しに入らない背の高い容器のものは、鏡の右側の扉の中に収納しています。商品パッケージが華やかなアイテムは、冷蔵庫のポケット同様(P40)1カ所にまとめてしまうのもマイルール。扉の中にスマートに隠します。

□ トイレ

トイレは特に清潔にしておきたい場所なので、お掃除がしやすいことを第一に考えた空間作りをしています。

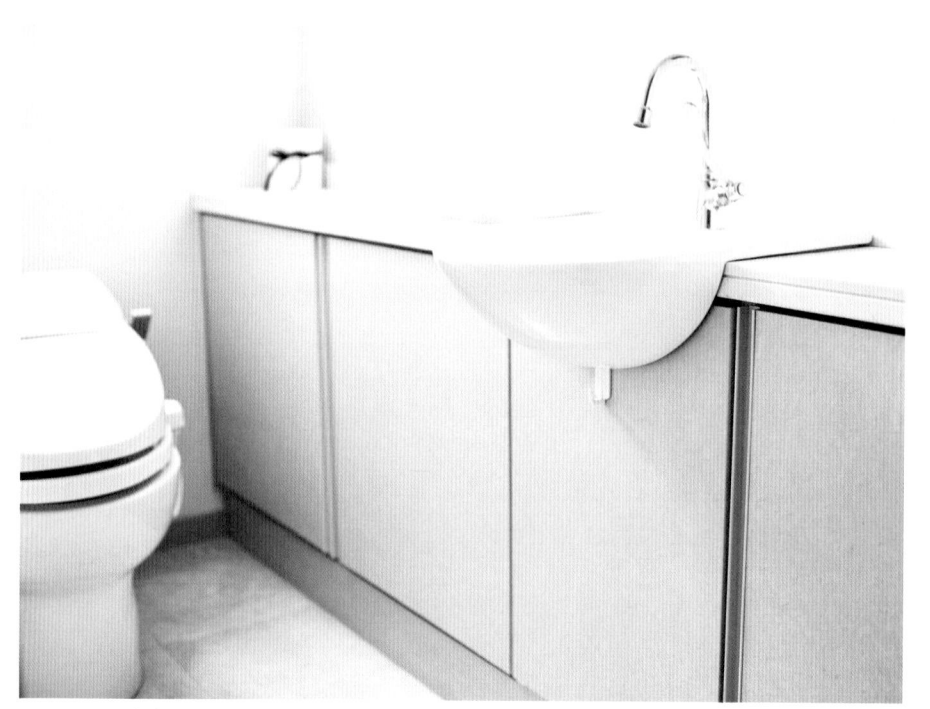

トイレマット、便座カバーは使わず、台の上にはハンドソープとローションの必要最低限のものを。お客様が来た時には奥の方にリボンを結んだ替え用のトイレットペーパーを置くだけにして、お掃除が短時間ですむ空間にしています。トイレのスリッパも除菌剤で拭くだけでお手入れできる合皮素材を選んでいます。

□ 手洗台左下の扉

トイレットペーパー・生理用品
(上段)靴箱として使っている黒い貼り箱
(P53)に生理用品を入れています。出しやす
いように蓋はせず本体の下に重ねて。(下段)
ローリングストック式にしているトイレ
ペーパーは多めにストックしています。奥行
のないスペースなので、ビニールパッケージ
から出して積み並べています。

□ 手洗台右下の扉

掃除用品・除菌剤
トイレのお掃除に使う3つのアイテムだけを
並べて置いています。トイレブラシは1回ご
とに着脱する使い切りタイプを。お掃除が終
わったらそのままトイレに流せる替えブラシ
は便利です。(左・中央)トイレブラシの柄・
保存容器に入れた替えブラシのストック(右)
床、台の上、便器周辺、スリッパのお掃除用
の除菌剤。(トイレブラシ/シャット「流せ
るトイレブラシ」)(替えブランを入れている
容器/P44 アクリルキャニスター)

□ ランドリースペース

水周りの中心を通る廊下には大きめのシェルフを置き、たっぷりとものを入れることができる隠す収納スペースを作っています。

玄関側から見た水周りの中心を通る廊下です。すき間を利用したニッチ収納をせず大きい収納スペースを作り、空間に上下前後の凹凸が出ないようにしています。

洗剤入れ

シェルフユニットの上は家事の作業台や、ちょっとしたモノを置いたりもできる便利なスペース。ジェル洗剤を入れている保存容器のみ置いてスッキリを心がけています。

洗濯はジェル洗剤を使っています。まっ白な陶器製ポットに詰め替えて。柔軟剤は使っていません。（容器／ZERO JAPAN「スクエアキャニスターL」）

洗濯機、バスルーム、トイレ、洗面所など水周りに近い場所にあるので洗濯ものからストック品まで、様々なものの収納にフレキシブルに使えます。（シェルフ／IKEA・KALLAX「シェルフユニット」、ボックス／IKEA・LEKMAN「ボックス」）

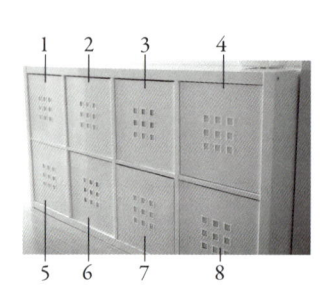

1 2 3 4

5 6 7 8

① ローリングストック式に
しているアイテム

② その他いろいろ

ラップやホイル、ペーパーカップ、キッチンペーパーなど、主にキッチン用品の
ストック。①に入っているものはローリングストック法で持っている災害時にも
活躍するアイテムなので、多めのストックです。

③ ティッシュペーパー

④ 洗濯用品

③はティッシュの収納に。④には洗濯でつかうものを。フキンの漂白に使うキッ
チンハイター、洗濯ネット3サイズ（たたみ方P107）、乾燥機の紙フィルターは
P43のEVAクリアケースに入れてます。

⑤ 100円ショップの生活消耗品

⑥ 掃除用品

掃除用品などの生活消耗品は100円ショップのアイテムからできるだけ選ぶようにしています。ダイソーのシンクマットやセリアの油汚れ落としクロスなどリピートしているものも多いです。⑥は雑巾やウエスなどお掃除用品です。

⑦ ⑧ 洗たくかご

洗濯かごにしています。白いものと色柄物を分けておくと洗濯機に入れる時に楽です。

持ち手の付いた移動できる収納ボックス。間仕切りは外すこともできます。（ケース／無印良品「ポリプロピレン収納キャリーボックス・ワイド)

タオルのリユース

使っているうちに破れてきたり
縁がほつれたり、くびれたりしたタオルはリユースして、
最後まで使い切るようにしています。

たとえば、キッチンや洗面所で使うタオルはいつも同じメーカーのタオルを使い、10枚を一度におろします。均一に使うとほぼ同時に薄くなったり縁がほつれたりするので新しい10枚に替えます。

キッチンで。　　　洗面所で。

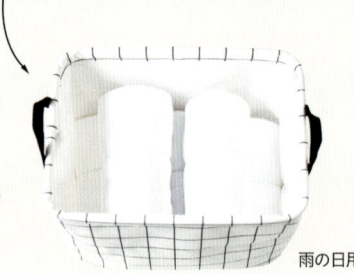

そのままのサイズで

玄関脇の収納スペースに入れている格下げされたバスタオルは（P56）そのままのサイズでリユース。

雨の日用に。

使いやすいサイズに
カットして

ランドリースペースにシェルフユニット（P78）には小さくカットしたタオルをウエスにしてたたまずぽんぽんと入れています。タオルだけでなく着古したTシャツなどもウエスにします。

（キャニスター／南幸・mon・o・tone楽天市場店「白い蓋のCube Canister」）

本当に大切にしなければならないもの

私はものをさっくりと、こんな風に分類して考えています。

- 使用頻度の高いお気に入り（気持ちの上がるのもの）
- 使用頻度は低いけれど、ないと困るもの
- 気持の上がるお気に入り・高価なものだけれど " 家にあるだけ " で使っていないもの
- 思い出のもの・趣味のもの
- 暮らしに必要な情報

以前は、「気持ちの上がるお気に入りのもの」は手放すものとして考えていませんでした。使うことはほとんどなくても、好きなものは持っていたいと思っていたからです。でも 、家の中を見渡すと、「気持の上がるお気に入りだけど使っていないもの」や「高価なものだから手離せないもの」、そんな、" 家にあるだけのもの " が結構な量を占めていました。昨年は、思い切って、これに該当するものを家族みんなが納得のいく方法で手離してきました。そうして、家に " あるだけ " だったものが少なくなったら、収納スペースがスッキリしただけでなく、気持ちも軽やかになったのです。

今までは、「持っているから使わなくちゃ」と、思うことが多かったので、存在のプレッシャーもあったのだと思います。この先は「好き」や「気持ちが上がる」というだけでものを選ばず、それプラス「日常で使うものであるか」。家族の " 今 " を基準にしたもの選びをしなければと、考えを改めました。

それと同時に本当に大切にすべきものは、「高価なもの」や「好きで気持ちが上がるもの」ではなく、日々使っている暮らしを楽に快適にしてくれているものたちではないかと思うようになりました。100 円ショップの収納用品、毎日使うお茶碗やお箸、着やすいお気に入りの洋服…。ものを少なく持つことができれば、そういうものを大切にするための時間も増え、収納スペースも広く使うことができます。そんな風にできたら、今の自分に必要のないものには目がいかなくなるのではないかと感じています。

Living

リビング

1階はキッチンとダイニングに続いて、
我が家のリビングがあります。
お客様をお招きしたり、ゆっくりとテレビを見たり、
家族みんなのリラックスルームでもあります。
同時に、ここには衣類や文具まで多種多様な生活用品を、
壁面、キャビネットを使って"隠して収納"。
我が家の収納の拠点にもなっています。

Point 1
必要なものは1階に集約

ホテルライクな暮らしに憧れているので一階のワンフロアでできるだけの用事が足りるように。そうすることで、2階まで取りに行く手間がなく時短にもつながっています。「ディスプレイに楽しむ場所」「収納する場所」「何も置かない場所」。家の中を3つに分けて管理するとキレイも維持しやすいです。

Point 2
壁と同化する 収納家具選び

壁面に同化してフラットに見えるシンプルで容量のある白い家具を選んでいます。扉を閉めた状態だけでなく開けた時も気持ちがあがる整った収納空間にすることで、リビングで過ごす時間はとてもリラックできます。

Point 3
空いたスペースと ゆとり収納

広く使える収納スペースですが、入るだけのモノを持つことはせず、必要なものだけあるゆとり収納を心がけています。何も入っていない場所やケースもあります。中をディスプレイするように飾りながら収納している場所も。

壁面収納庫、壁際のキャビネット、テレビの横とテレビボード下のキャビネットと、リビングには4か所の収納があります。

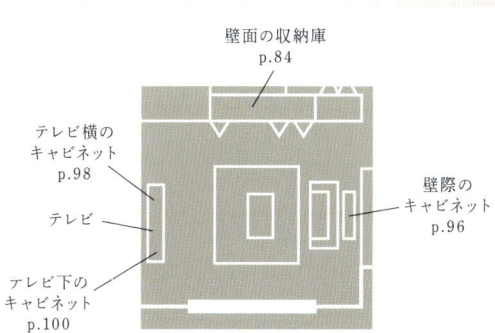

壁面の収納庫
p.84

テレビ横の
キャビネット
p.98

テレビ

テレビ下の
キャビネット
p.100

壁際の
キャビネット
p.96

□ 壁面の収納庫

入れたい収納用品のサイズに合わせ、可動式の棚板で縦横のラインが合うようレイアウト。広い空間をブロック分けして収納の土台を作っています。各ブロックを同じ収納用品だけを置くようにして統一感を出しています。

隠れてしまう場所ですが、使う収納用品も白・黒・グレーのモノトーンで揃え開けた時も乱雑に見えないように。扉はスライド式で左右に動かせるタイプです。

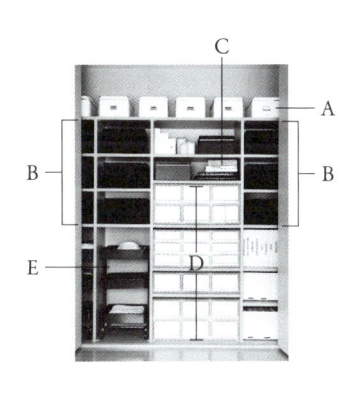

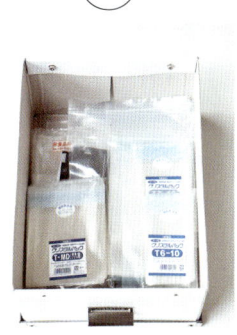

(A)

蓋付きのペーパーボックスに使用頻度の低い雑貨を入れ最上段にのせています。隙間を開けて置き間に手を入れ取り出しやすく。等間隔で並べると、よりきれいに見えます。（イケア）

ラッピンググッズ
袋やラッピング用品を収納。

(A)

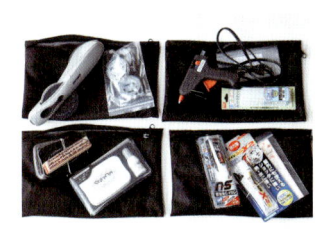

ラベリング用品
ラベリングに必要なものやスタンプ接着剤を袋に小分けけして収納。
（袋／セリア「破れにくい工具収納袋」）

↓

書類
レシート、領収書は月別にじゃばら型ファイルで管理。テプラで作ったラベルを貼って。
（ファイル／セリア「ドキュメントファイル」）

↓

黒いインナーバスケット

9個のインナーバスケットを使っています。少量の黒があると空間が引き締まります。（楽天 PPインナーボックス 黒）

4隅には金属の芯が入りしっかりとした中身が
丸ごと隠れるたっぷりと入る布製のバスケットです。
楽天市場で購入しました。

お菓子

お菓子やカップ麺を入れています。
普段はあまり食べないものでかサバるのでキッチンで
はなくこの場所にストックしています。

ホームウエア

一度着たけれどまだ洗わないものをラフにたたんで入れたり、冬場に家の中で羽織るアウターを
入れる場所として、家族にひとつずつ用意しています。これがあることで、出ている場所に衣類が
散乱することなく、またホームウエアなので、リビングが一時置き場になっていることが便利なんです。

C

空いたスペース

収納スペースの空きスペースはディスプレイをして楽しむこともしています。大きなサイズの洋書は収納場所を選ぶので、飾りながら収納しています。横に寝かせて置くと高さのない場所でも見た目良くしまえます。

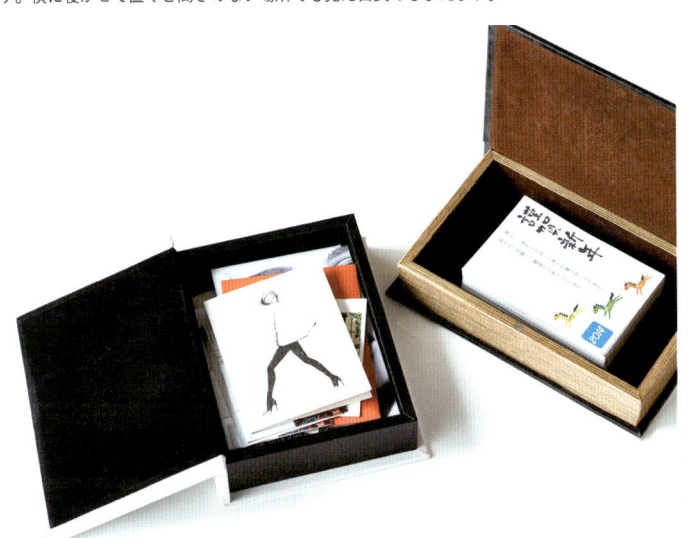

年賀状とカード

ブック型の収納ケース（フランフラン）で飾りながら保管しています。年賀状は2年を目安に年別でまとめてしまいます。いただいたメッセージカードも大切にとっています。

気持ちが上がる収納スペースにするための小さな工夫

収納スペースには開けた時に気持ちがUPする小物を。
小物オブジェ、ハイブランドのリボン、香水のムエット、お気に入りのポストカード。

引き出し

無印良品のポリプロピレンケースの奥行が収納スペースにぴったりだったので、「浅型」、「深型」、「ハーフ・深型」の3つのサイズを組み合わせてスペースに引出しだけの収納ベースを作り、カテゴリー分けして整理しています。

中身を隠して、スッキリ見せる

収納空間もインテリアの一部と考えているので、外から中身が見えないように、白い画用紙を前面のサイズに合わせて切って、裏からマスキングテープで留めて目隠ししています。画用紙は100円ショップで購入しています。さらに下のへこんだ部分からも中が見えるので、ここは白いマスキングテープを貼って完全に隠しました。ラベリングは引き出しの前面ではなく本体のワクの下部分に付けています。引き出しに近づいた時に目に入りやすいのは実はこのワクの下の部分だからです。

浅型の引き出しに入れているもの

（ケース／無印良品「ポリプロピレンケース・引出式・浅型」）

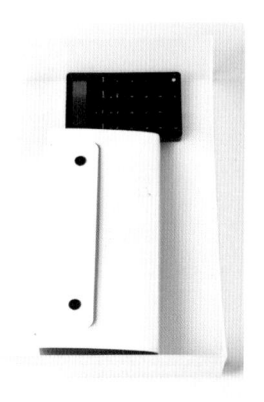

ガス、電気など　家計セット

月別でなく費目別に分類して収納。

レシート・領収書

毎日、お財布からここに入れ、
月末に月ごと分けたファイルに移動（P85）

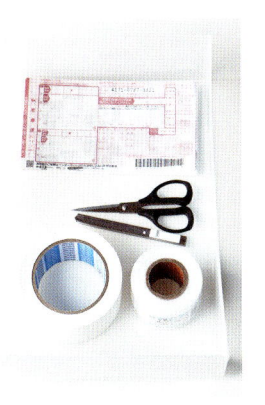

宅配便セット

宅配便を出すために
必要なものをまとめて。

文房具

使用頻度の低い文具を
粘土用のケースを使って分類。
（ケース／ダイソー「粘土ケース」）

文房具

小さな文具はプラスチック容器に。
裏返して、フタを下にすると中身が見える
のでラベルを貼らなくても大丈夫です。

文房具

入れるもののサイズで
大小の容器を使い分けています。

プラスチック瓶は軽くてリーブナブルなのが嬉しいアイテム。
（瓶／セリア「アルミキャップＰＥＴキャニスター」）

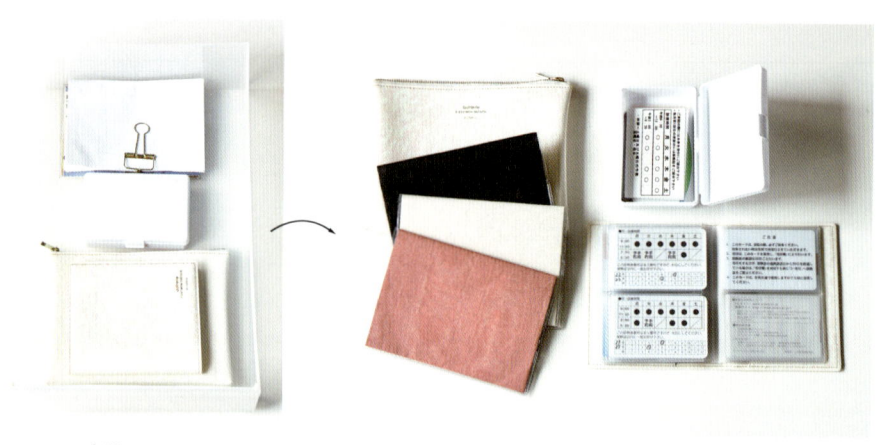

病院セット
ポーチやファイルを使って
いざというとき持ち出しやすく

病院セットのポーチ、ケースの中身
かかりつけの各科の病院はファイルに。1度かかったことのある病院のものは
ケースに収納。とっておいたら救急のとき受診がスムーズで役立ちました。
左はお薬手帳。カバーを付け、色分けしています。

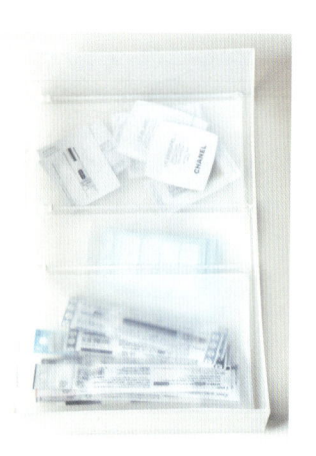

コピー用紙
包装から出して
すぐに取り出せるようスタンバイ

ストック品
シールなどカテゴリ分けして
仕分け整理
（無印EVAケースファスナー付）

（ケース／無印良品「ポリプロピレンケース・引出式ハーフ・浅型」）

使い捨てカイロ・綿手袋

幅の狭い引出しはアイテムを立てて
収納しやすいです。

マスク・ポケットティッシュ

使い切りマスクは箱ごと入れて

| 深型に入れてあるもの |

（ケース／無印良品「ポリプロピレンケース・引出式・深型」）

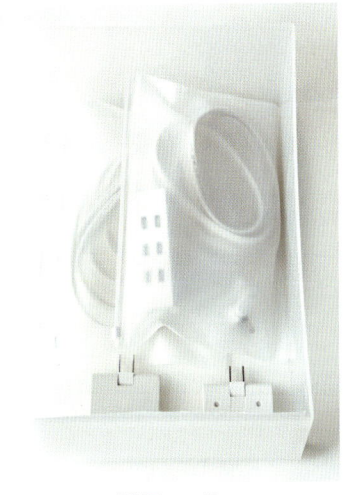

封筒（各サイズ）類

大きな封筒も仕事で使うことが
多いのでストックしています。

延長コード

1mと3mの2種類持ち、それぞれ個別に
ファスナー付ケースに収納。
絡まないようにしています。

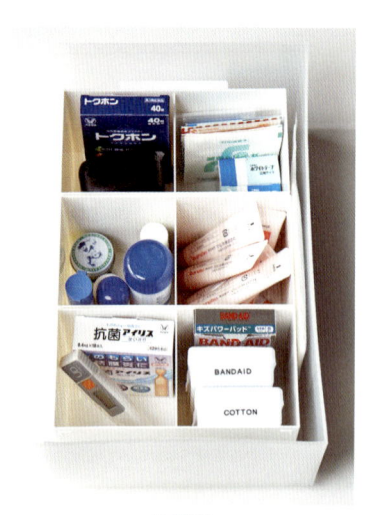

外用薬

「ダイソーのキッチンケース」を3つ (P46) 使い
中を仕切り開けたときすべて見渡せるように。
ケースと引出しにできたすき間は
メラミンスポンジを入れてガタつき防止を。

ファスナー付きポリ袋

「セリアの厚手チャック付ポリ袋」
という商品が好きでリピート。サイズを揃えて
ストックしています。我が家の一番
リーズナブルな収納用品です。

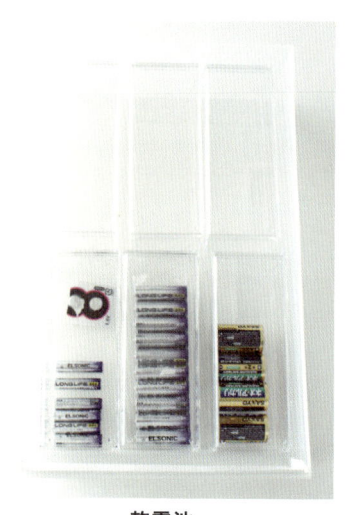

乾電池

サイズ別にセリアの透明なフタ付ケースに
入れて。(P44) 家族からも好評の収納です。

リボン

巻きのものやカットリボンは
ファー付きポリ袋も使いながら
さくっと収納

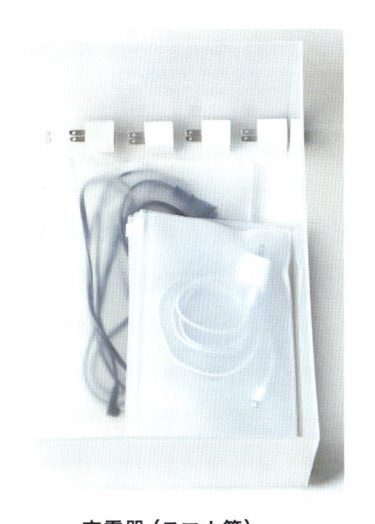

充電器（スマホ等）

携帯を変えるたびに増えますが壊れたり
失くすこともあるのでとりあえず
すべてストック。

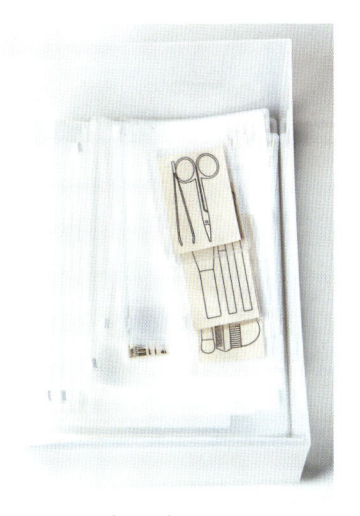

クリアケース

ファスナー付ケースやクリアファイルは
買いおきしてここに。多目的に使えるので
家族で様々な用途で愛用しています。

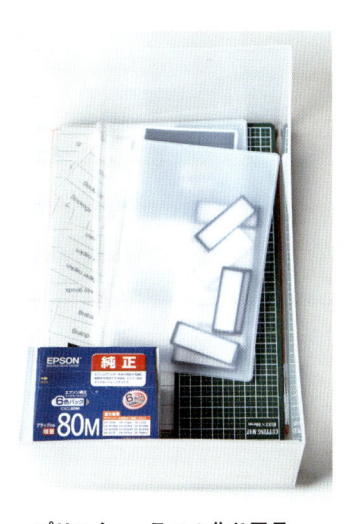

プリンター・ラベル作り用品

プリンターのインクのストックやラベル作りに使う
フィルムラベルシートなどをしまっています。

お手入れグッズ

ムートンやＰＣ・テレビの液晶パネルの
クリーニンググッズ

3段のワゴン

下の方にある空間はワゴンなどの「移動ができる収納」を、使うのもひとつの方法で出し入れが楽です。（ワゴン／IKEA・RÅSKOG）

ネイル用品・ヘアアクセサリー

私のネイル用品とヘアアクセサリーを無印のアクリルケースで仕分けて置いています。一番下の段にはリビングでくつろぐ時用のブランケットを用意しています。

ルームウエア

上の段は息子、二段目は娘のルームウェア兼寝巻を。夏はユニクロのTシャツ＋リラコ（orステテコ）と決めていて、たたんだものを立てて整理しています。

F

厚みのある冊子になった取扱説明書はブック型ケースにラベリングして収納。厚いもののファイル管理は大変で無理があるので薄い取扱い説明書と収納の仕方を変えています。（ケース／南幸 楽天市場店・mon・o・tone「ブック型ボックス」）

ブック型ケース

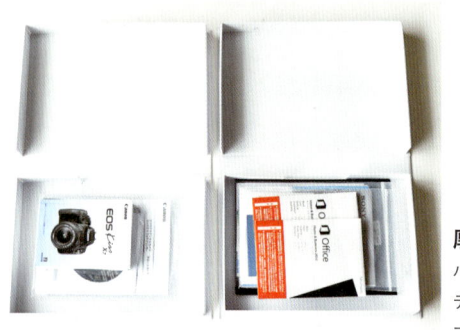

厚い取扱説明書

パソコン、カメラ、テレビの説明書は、ブック型ケースに。

ファイルボックス

硬い素材のもの、雑誌「ファイルケース」など重いものはポリプロピレン製のケースに入れています。（ケース／無印良品「ポリプロピレンファイルボックススタンダードタイプ、同ワイド」）

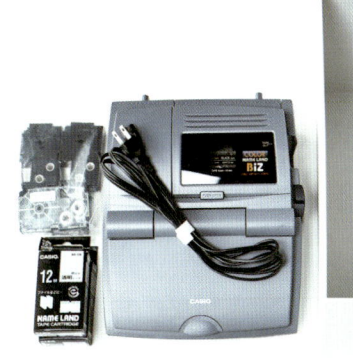
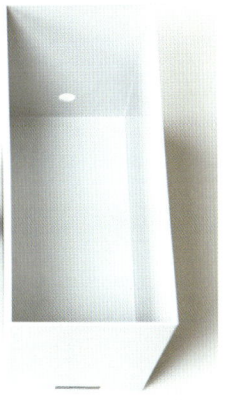
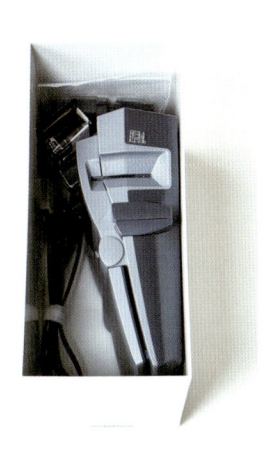

ラベリング用品

以前は専用のバッグに一式入れていましたが置き場所に困っていたので、
ファイルケースに変えました。使いたい場所にケースごと持ち運べます。

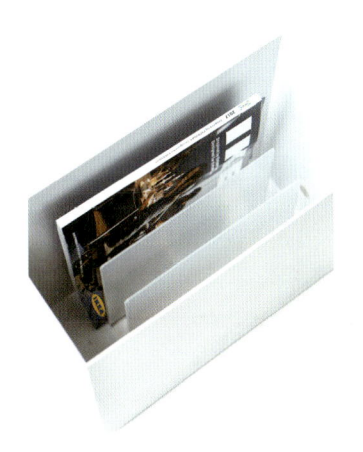

雑誌・カタログ

持つ量をファイルボックス3個分と決め、定量性にしています。
中に仕切りスタンドを入れると少ない冊数の場合でも折れ曲らず（P46）立てて収納できます。

□ 壁際のキャビネット

上にディスプレイができるキャビネットを探して
いて数年前にようやく見つけたものです。白い
壁と一体感がある白く艶のある質感がお気に入
りです。(キャビネット／ディノス)

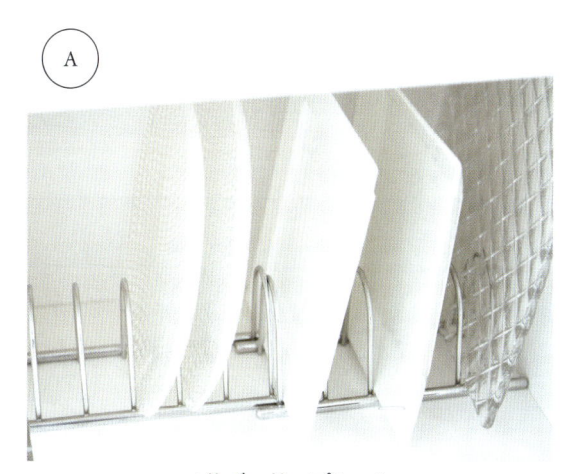

1枚ずつ持つプレート

1枚ずつ持つものは、積んでしまうと
下のものが取り出しにくいのでスタンドを使って立てて収納。
（スタンド／佐藤金属興業・SALUS「デイリーディシュスタンド」）

子供たちのアルバム

白が娘で黒が息子のものです。
写真が増えるたびにアルバムも
増えていきます。

インテリアボックス

インテリア性の高いBOXは、サイズ違いを3つ買い、
それぞれを見せる収納として使っています。
収納として活躍しています。フランフランには、
見せる収納BOXがたくさんあります。

ソーイングボックス

ボタン付けやほつれ直しなど日常で必要な
道具だけを厳選してしまっています。

アロマオイル

MARKS&WEBのエッセンスオイルを
まとめて入れています。

LEDティーライトキャンドル

イッタラのKIVIに合うサイズのLEDティーキャンドル。
安全を考えて我が家のキャンドルはすべてLEDです。

□ テレビ横のキャビネット

ダイニングとリビングの間にあるキャビネットは家族の行き来が多い通り道にあるので使い勝手のよい収納場所になっています。（ディノス）

DVD・CD

鑑賞するのに必要なのはディスクだけなので
ケースとディスクは別にコンパクトに収納しています。
5冊を使いカテゴリー分けして。
（無印、CD、DVDホルダー、2段　40枚収納80ポケット）

カメラ

バッテリーなど付属品と一緒に、楽天市場で購入した
ペーパーバスケットに入れています。
（袋／LeSorelle・uashmama「洗えるペーパーバッグ」）

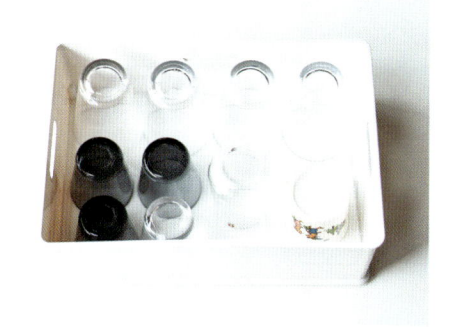

（左上）使用頻度の低いマグカップ（右上）使用頻度の低いグラス
（左下）（右下）簡単に模様替えを楽しめるアイテム、クッションカバーのコレクション。
増えすぎ防止にここに入るだけの定量性です。（ケース／サンカ・squ＋「インボックス」）

□ テレビ下のキャビネット

ゲーム機器やメークグッズなど一見、異分野のものが混在しているようですが、「使う場所のそばに置く」というルールで収納場所を決めているので、出し入れのしやすいものばかりです。

左上

ホットカーラー・ビデオカメラ

ホットカーラーとビデオカメラはそれぞれちょうどよいバッグを持っていたので収納用にしました。ビデオカメラは説明書も一緒に。説明書の何度も見るページには黄色い付箋を貼ってすぐ読めるようにしています。（バッグ／アルティザン＆アーティスト）

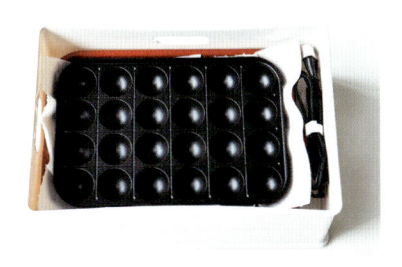

中上
たこやき器
家でよく作るたこ焼き。しまい込まず、収納場所を
リビングにして出し入れしやすく。
（ケース／サンカ・squ＋「インボックス」）

右上
エプロン
エプロンは好きなので
家事をする時は必ずします。

中下
ゲーム機のコントローラー等
テレビの真下にある浅いケースには
ゲーム機のコントローラやヘッドフォンを。

右下
クッションカバー
フェイクファーのクッションカバーを入れたケースです。

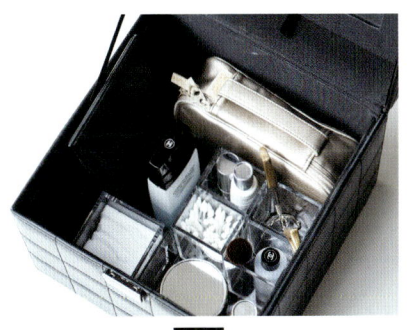

左下
メークセット
その日の流れに合わせてメイクをする場所を決めた方が
身じたくの効率がよいのでドレッサーを持たず、
持ち運べるバニティーバッグにメイク道具を入れています。

左下
スキンケアセット
お風呂上りに必要なものをまとめています。
（ケース／ザ・コンランショップ・
ノメスコペンハーゲン「クリアツールボックス」）

○ 行方不明になりやすいものは
　定位置を作る

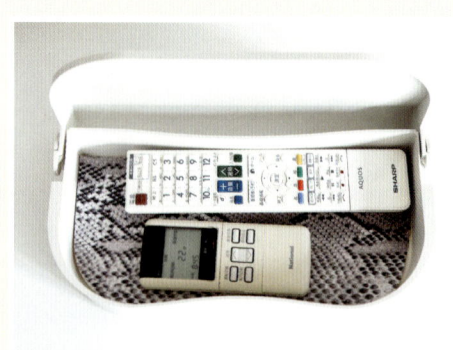

リモコンケース
テレビやエアコンのリモコンが見当たらなくて探しまわるなんてこととありませんか？我が家でもそんな時がありましたが、夜寝る前にリモコンをここにしまうというルールを作ったら、行方不明になることがグンと減りました。

○ 何も入っていない引き出しは
　心のゆとりも生む

ものを減らして、持ち物をタイトにしたら、何も入れるもののない引き出しができました。現在進行形で使っているものだけに、厳選されているそんな努力を実感できる場所です。空間のゆとりは心のゆとりにもつながります。

○ 取扱説明書等、書類の
ファイリングのキホン

取扱説明書のカテゴリー分けはさっくりとしています。その方が、出したいものをより早く見つけられるからです。

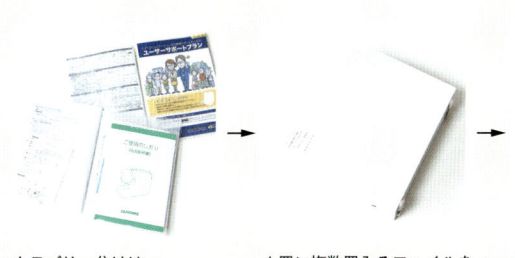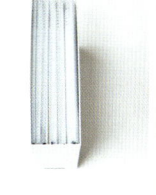

カテゴリー分けは、
①キッチン
②ハウスキーピング
③ビューティー
④シーズン
⑤その他

1冊に複数冊入るファイルを選びカテゴリーに合うものを入れていきます。

どこにも属さないものは「その他」に。ファイルボックスにまとめ「MANUAL」というラベルを貼っています。

○ 重いケースを引き出しやすくするアイデア

雑誌や重さのあるものを入れているケースは重みで引き出しにくいものです。そこで我が家はホームセンターなどで売られている家具を楽に滑らせるパッドを底面の四隅に貼り楽に引き出せるようにしています。

コンパクトで美しいたたみ方

もの別にたたみ方を決めるのではなく、入れたい場所に合うよう同じアイテムでも
いろいろなたたみ方を知っておくと整理するのが楽しくなります。
ただケースに入れてしまうだけでなく美しくたたまれた空間を作ることで、
片づけはもっと楽しいものへとかわります。

○ レジ袋

1 | 袋を平らに広げる。

2 | 上から半分に折る。

3 | 左から縦に1／3折る。

4 | 右からも1／3折る。

5 | 上（底ではない方）を1／3手前に
折り、下から1／3上に折って一番上
にできているポケットに入れ込む。

6 | 形を整える。薄くキレイに仕上げ
るポイントは終始空気をぬきながら
たたむことです。

○ バスタオル

サイズの大きいバスタオルも
楽に手早くたためます。

 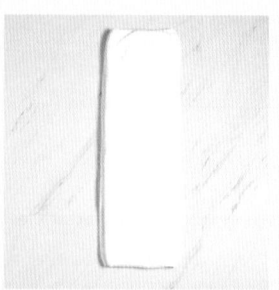 

1 | 横長にしておき左が輪になる
よう半分に折る。

2 | 輪になっていない方から1／3折
り、輪の方から1／3折り重ねる。

3 | 下から半分に折る。

○ フェイスタオル

細くまとまるので幅の狭いス
ペースに使えるたたみ方です。

1 | 横長に置き、下1／3を上に折り、
上1／3を下に折る。

2 | 横半分に折る。収納スペースの奥行き
に合わせ、三つ折り、または半分に折る。

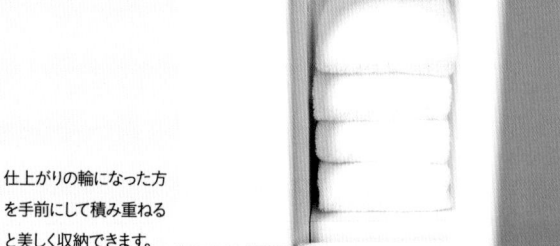

仕上がりの輪になった方
を手前にして積み重ねる
と美しく収納できます。

○ 洗濯ネット

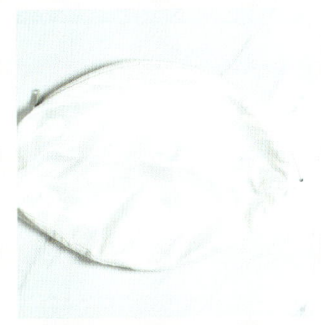

1 │ まちを折り入れ、ファスナーを上
にしてレモン形に整える。

2 │ 横に3等分してたたむ。

3 │ 上から1／3下に折り、下から上部
分にできたポケットに深く入れ込む。

4 │ 形を整えて完成。長方形にまとまる。

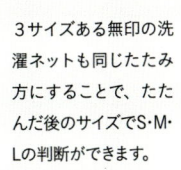

3サイズある無印の洗
濯ネットも同じたたみ
方にすることで、たた
んだ後のサイズでS・M・
Lの判断ができます。

○ Tシャツ（しわになりにくいたたみ方）　しわになりにくく、きれいにたたむ方法です。できあがりをさらに2つ折りにすれば立てて収納ができます。

1 | 左が首になるように横置きする。

2 | 下から上に半分に折る。

3 | 袖を上が直線になるよう折り下げ長方形になるようにする。

4 | 裾から左に折り半分にする。この時、首が出ないように多めにかぶせるとキレイに仕上がる。

5 | 中心を持ち上げ山折りして半分にする。

6 | 形を整える。

○ Tシャツ（長方形たたみ）

しっかりまとまる崩れにくいたたみ方なので小さなお子さんのTシャツや旅行のパッキンにおすすめ。

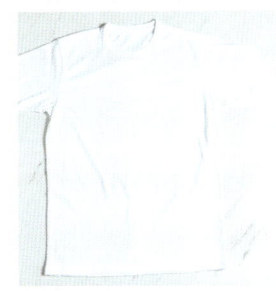  

1 | Tシャツを広げて縦に置く。

2 | 左から中心に向かって折り、右からも折る。袖を外側にたたむ。

3 | 首の方から4／5を目安に折る。

 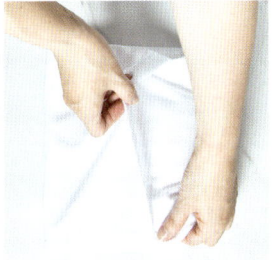 

4 | 裾から上に1／3を目安に首のLINEにそって折る。

5 | 下にできたポケットに上のはしから奥に入れ込む。

6 | 形を整える。

収納したい幅に厚紙などをカットした型を作り、1の時に当てて折り2の終わりに引きぬくと仕上がりの幅がそろい美しく収納できる。

○ リラックスウエアのズボン

ユニクロのステテコやリラコなどホームウエアのスボンのたたみ方です。購入時のたたみ方を参考に考えました。

 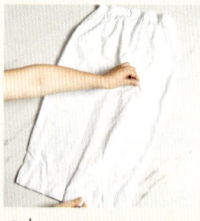 

1 | 左手で股下の中心を右手で左右の裾、内側の端を合わせて持つ。

2 | 左で持った手を上につまみ上げ、折り倒し。

3 | 長方形を作る。

4 | 裾から4／5を上に折り上げる。

5 | ゴムの方から1／3を上から折り下げる。

6 | ゴムの部分にできたポケットに下から入れこむ。

○ ショーツ

股上の浅い女性用のボクサータイプのショーツの崩れにくいたたみ方です。

1 | 左から縦に1／3を内側に折り、右1／3も内側に折る。

2 | 1／3を目安に上から折り下げ、できたポケットに下から折り入れる。

3 | 形を整える。

○ キャミソール

細い肩ひもが気になるキャミソールもスッキリた
ためます。タンクトップにも応用できます。

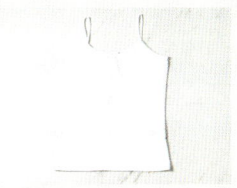 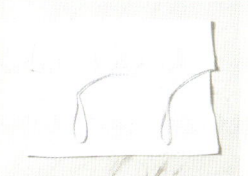 

1 │ 平らに置く。

2 │ 肩ひもが下からハミ出さ
ないよう（1cmほど残す）
上から1／2に折る。

3 │ さらに上から半分に折り、
その後。左から1／3を
右へ折り、裏返す。

4 │ 左にできたポケットに右部
分を入れ込む。

5 │ 形を整えて完成。

○ ブラトップ付きタンクトップ

まとめにくいブラ付きのトップスもカッ
プに負担をかけず簡単にまとまります。

  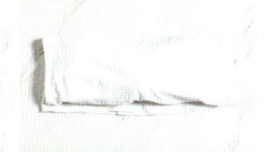

1 │ 裏向けて置く。

2 │ 肩ひもをカップの上に下
げ、そこから1／3を目安
に折り下げる。

3 │ さらに上から折りたたん
で長方形を作る。

4 │ 横からふんわりとカップをつ
ぶさないよう巻いていきます。

5 │ 形を整えて完成。

長袖のブラ付きトップスにも応用
できます。1の時、両袖を内側に
たたんでからあとは同じ要領で。

○ タイツ・ストッキング

コンパクトのまとまる軍隊たたみをヒントに
考えました。崩れず整理しやすい方法です。

1 | ロゴム部を6cmほど裏返して折る。

2 | つま先から上に、ロゴム部分を1cm残して半分に折る。

3 | ロゴム部分を5mm残して半分に折り、さらに5mm残して半分に折る。

4 | 最後は1で裏返して折ったロゴム部の折り目に入れ込む。

5 | 形を整える。

○ くつ下

前作の収納本でたたみ方のご質問を多くいただいた、長方形に形よくまとまるたたみ方です。

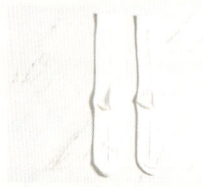  

1 | 写真のようにくつ下を平らに置き、かかとを折り倒して平らにする。

2 | 2枚を重ねる。

3 | 下から1／3を上に折り上げる。

4 | 上からも折り下げ一番上のゴム口に入れ込みます。

5 | 形を整える。

○ スニーカーソックス（ショート丈くつ下）

できあがりは帽子をかぶせたように可愛く仕上げます。

 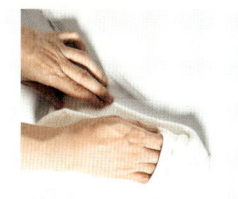 

1 | かかとを上にしてゴムロは三角になるように置く。

2 | 片方の三角部分のゴムロに手を入れもう片方と重ねる。

3 | 下から折って一番上のゴムロに入れ込む。

○ フットカバー

フットカバーを購入した時にたたまれていた、まとめ方を参考にしました。

1 | 手前をつま先にして置き並べる。

2 | 片方を三つ折にしてたたみ、もう片方の上に（中央あたり）にのせる。

3 | 上から三つ折りを目安に折り上げ開いた部分に入れ込んでいく。

4 | 形を整える。

○ くつ下（かかとが直角になっているタイプ）

無印で人気の履きやすいソックスのたたみ方です。

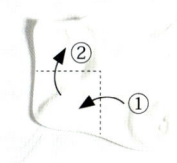   

1 | 甲の方から右から左へ折り（①）、

2 | そのまま上に折り上げ（②）この形にする。

3 | ゴムロに手を入れ、ぐんと全体を裏返す。

4 | 形を整える。

わかりやすく、楽しいラベリング

ラベリングは、わかりやすい収納スタイルを作るだけでなく、同じものに見えないような収納用品へと変身させることもできます。私なりのラベル作りのマイルールは、デザインを入れず文字だけにすること。そして、クリアな容器で中身がわかるものや、ラベルなしでも中身がわかる場所にあるものには、あえて付けないことなど。色の氾濫だけでなく、文字も情報と考えているので極力ラベル付けするものを減らし、見た目も頭の中もスッキリするようにしています。

ラベルシール・マスキングテープ・ステッカー

(左)市販のラベルシールに手書きをする簡単な方法。ラベルはセリアのキレイにはがせるタイプ。(中央)野田琺瑯の保存容器には白いマスキングテープでラベリングを。中身と、賞味期限を記載します。(セリア「どこでもラベル」)(右)英字のステッカーは子ども部屋に。(AMERICAN CRAFTS「thickers」)

タグ・写真

(左)好みのデザインのタグに手書きしています。黒いタグはホワイトペンで(P121)。(中央)イラストレーターで作った英字だけのラベルをキタムラカメラの「ましかくプリント フチなし」で現像して作った(89×89mm)オリジナルラベルです。サニタリーで(P70)、靴箱(P52)で使っています。靴箱には靴の写真を使うのも素敵です。

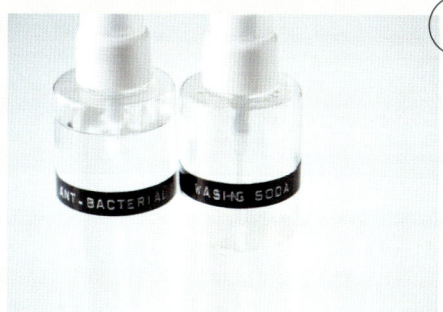

③

ダイモ （テープライター）

ダイモは英字(大文字・小文字)、ひらが
な、カタカナ、ハートや星などの可愛い
イラストなどの、点字文字盤があります。
同じ英字でも機種によって文字サイズが
違うので、イメージに合うものを選んで
みてください。必要な時にすぐ作れ、多
少の文字のズレも味になってアナログ感
があるレトロな雰囲気も出ます。

④

パソコンで作るラベル

自由にカットできるA4サイズのラベルシールにパソコンで作ったものをプリント。枠に合わせ、カッターでカ
ットしています。貼る時に空気が入りにくいハリのあるシールを愛用。「A-one」の水に強いタイプが、おすす
めです。（フィルムラベルシール／A-one 白「品番29282」・透明「品番29293）

⑤

テプラ （ラベルライター）

テプラのテープには通常のものに加えて、メーカー
によっては「強粘着タイプ」もあります。キッチン
で使う保存容器のラベルはこの「強粘着タイプ」を
使うのがおすすめです。

(左)無印の引き出しは通常タイプを。(右)強粘着
タイプはキッチンで使う保存容器などの洗ってお手
入れをするものに。

(通常タイプ使用)　　　(強粘着タイプ使用)

floor

2階には私の寝室兼ワークスペースと、子どもたちの部屋があります。
子どもたちの衣類は1階に置いているのでここには必要最低限のものだけ。
モノを少なくして、片付けやすい部屋にしています。

私の部屋は好きな色、白で統一。
あたたかみのある白をえらんでリラックスできる空間にしています。

子ども部屋は家具や収納用品、
掃除用具も、それぞれカラーを決めているので
色の氾濫がなく、落ち着いて生活できていると思っています。

またオフシーズンの服や小物、客用寝具、季節行事用品など
その時期には使っていないものを収納する納戸があります。
年に2回衣替えをして、そのたびに服を点検して
多く持ち過ぎないよう注意しています。

.02

My Bedroom
page.118

Store room
page.120

Daughter's room
page.128

Son's room
page.132

My Bedroom

寝室

2階には私のベッドルーム兼ワークスペースがあります。
この部屋も好きなカラーの白を基調にして
気持ちが休まる穏やかな雰囲気になるようにしています。

ベッドサイドのチェスト_1段目

懐中電灯、眼鏡。貼り箱は、小物などをしまえるよう置いていますが、何も入っていない時が多いです。

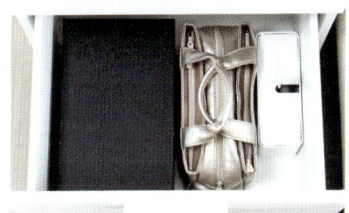

ベッドサイドのチェスト_2段目

非常時に取り急ぎ持ち出すことができる小さなバッグを入れています。中にはラジオと替えの乾電池、薬などを入れて緊急時に備えています。ベッドの下には避難時の靴も。コロコロクリーナーはベッド周りのお掃除に。シーツの上などコロコロしています。1階と、各子ども部屋にも1つずつ置いています。すぐ手に取れる場所にお掃除用品を置くことで、子どもたちも自分でベッド周りを清潔にできるようになっています。

ホテルをイメージして、シンプル＆ナチュラルにしつらえています。ベッドサイドのチェストにはグリーンや洋書等を置いて雰囲気を作って。

Storeroom

納戸

2階には2カ所に奥行きサイズが違う納戸があります。
ここには、シーズンオフの衣類・寝具、インテリア雑貨、来客用の寝具など、
毎日使うものではないけれど必要な、ないと困るものを収納しています。

Point 1
衣類の入れ替えは、年2回

衣類の衣替えは「春・夏」「秋・冬」と分け、年に2回を目安にしています。この年2回の衣替えは収納場所のお掃除に、手持ちの服やファッション小物の点検や持ち方の見直しに、ちょうどよい区切りになっています。我が家の1階のクローゼットとこの場所を入れ替えるスタイルの衣替えです。

Point 2
入れたいものに最適な収納用品・収納方法

たためるもの、たたんだ方が出し入れしやすいものは引き出しに。シワになりやすいもの、厚手のアウターはハンガーに掛けて。かさばるものは圧縮袋を活用して、細々としたものは、ボックスにサクッと入れて、それぞれに「なぜ、この収納用品を選びこの収納法にしているか」の理由がきちんと言える収納にしています。

Point 3
出しやすさを優先したしまい方

納戸は使用頻度が低いものをしまっておく場所。あまり考えず奥からポンポンと入れてしまいがちな場所でもあります。なので手前のものを出さないと奥のものが出てこないというしまい方をせず、前に引き出せるタイプの引き出しやキャスターを取り付けたボックスを使っています。また、ワンアクションで出せるようにスチールラックを中に組み込んだり、きれいにしまうだけでなく、出しやすさも考えるようにしています。

この納戸は比較的たっぷりとした奥行きのある押し入れサイズです。ものが増えてしまわないよう。定期的にチェックして、量をふやさないよう気をつけています。

□ 納戸 I

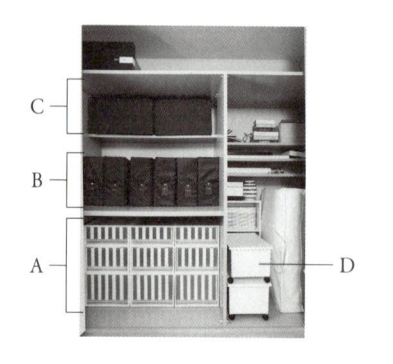

C

B

A

D

無印良品のポリプロピレン製
引き出し式衣装ケース

A

横幅は同じだけれど、高さがそれぞれ違う「無印良品の「ポリプロピレン衣装ケース引出式」を合計9個組み合わせオフシーズンの衣類を収納。各引き出しの中は、同じく無印の不織布で、できたケースで仕切っています。半透明の引き出しから中身が見えないように目隠しをしてスッキリと統一感が出るようにしています。

1段目

小さめにまとまる、アンダーウエアや
靴下、タイツは、浅型の引き出しに。

A

2段目

パジャマ代わりにしているリラックスウエア。

3段目

一番深いケースにはセーターなどの厚手のもの、
ボトムスは仕切ケースを使わず、重ねて積んで入れています。
仕切ケースに1アイテムずつしか入らない場合もあり、
積んだ方がたくさんの量を入れられるからです。

（ケース／無印良品「ポリプロピレン衣装ケース・引出式 小・大・深」）

目隠しにランチョンマットを活用

121ページの半透明の引き出しの目隠しに使っているのは、イケアのポリプロピレン製のランチョンマット。引き出し前面のサイズにカットして、裏からマスキングテープを貼り留めただけの簡単な方法です。イケアのランチョンマットは199円ととてもリーズナブル。私はモノトーンのストライプ柄を選びましたが、他にも素敵な北欧柄があります。

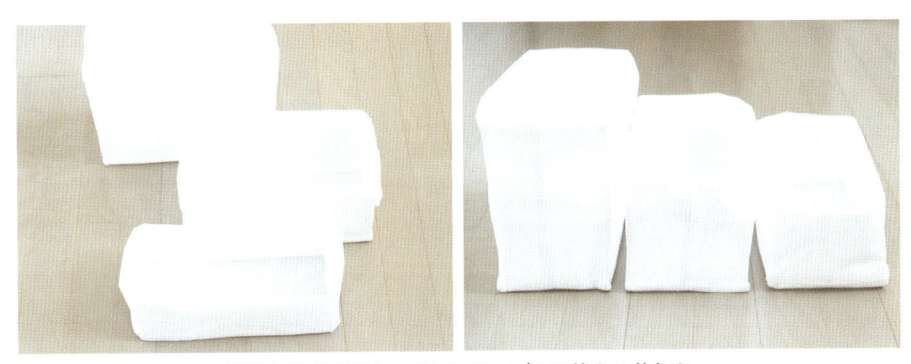

簡単に高さが変化するフレキシブルに使える仕切り

縦横のサイズで大・中・小と3種類ある不織布のケースは、さらに折り返すことで高さも自在に変えることができます。引き出しの中に無駄なスペースを作らず有効に使える、細かいところまで配慮が行き届いたアイテムです。入れたい場所の高さに合わせて上部を外側に折り返し、サイズを調節。組み合わせて収納スペースをカスタマイズできます。使わない時は薄くコンパクトにたたんでおけるのもうれしいです。（仕切りケース／無印良品「不織布収納仕切ケース 大・中・小」）

（B）

寝具

入れたいケースに入らない厚手の毛布は、圧縮袋を使いサイズを小さくしてから入れています。圧縮袋でサイズダウンさせたものは硬さも出るので、今まで横に置いて積んでいた収納ケースを縦にして立てて置くことができるようになり、必要なケースがワンアクションで引き出せるようになりました。イケアのケースは持ち手が付いているので、タグも付けことができ（P114）、引き出す時も楽。圧縮袋は空気が逆戻りしないタイプを使うと簡単にサイズダウンできます。（ケース／IKEA・SKUBB「収納ケース」、圧縮袋/レック「防ダニふとん圧縮袋」）

（C）

まくら・ヌードクッション

来客用のまくらとヌードクッションを入れています。
（ケース／IKEA・SKUBB「ボックス2個」）

シーズンのインテリア雑貨

クリスマスやハロウィンに使うアイテムや模様替え用インテリア雑貨など、シーズンものを大きなボックスにまとめています。ボックスは奥のものも簡単に引き出して取り出せるよう、別売りのキャスターを付けています。（ボックス／ジェイイージェイ・ファボーレヌーヴォ「ボックスL」）

（D）

「迷い箱」の話
〜ものを手放す〜

"手放すことがなかなかできないもの"があります。

そして、"手放してしまったことを後悔するもの"もあります。

納得がいく手放し方ができるように。

本当は必要だったものを間違った判断で手放してしまわないように。

我が家では「迷い箱」と名付けたボックスを用意しています。

「迷い箱」の使い方は、こんな感じです。

取捨選択に迷ったものや、今すぐに即決できないものを

日常の生活から一番離れた場所にしまい、隠します。

そして、"ないもの"として生活して、

それがなくても困らないということを納得してから手放します。

迷うものがたくさんあるころは、大きなダンボールを「迷い箱」にしてみてください。

「迷い箱」に入れたことを忘れたころが手放す、その時です。

「迷い箱」はなるべく生活の場から離して、納戸などに設置するのがコツ！（ボックス／ジェイイージェイ・ファボーレヌーヴォ「ボックスＬ」）

□ 納戸 II

ハンガーに掛けてしまっておくシーズンオフの洋服やベッドリネン、トランクなどをしまっているスペースです。

「納戸I」に比べて奥行きのないスペースです。
高さのある空間なので、スチールラックを入れ広い空間を横に仕切り、
それぞれがワンアクションで取り出せるようにしています。

和装用のかんざしやピンなどの髪飾り

まだデータ化できていない古い写真のネガは、このBOXに
まとめて。時間があるときに整理していく予定です。

DVDやCDはディスクだけを1階のテレビ横のキャビネット
にしまい（P99）ケースと分けて管理しています。

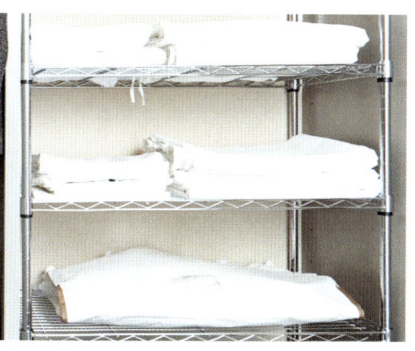

来客用や替え用のベッドリネンはたたみ、輪になっている
方を手前にして置くとキレイに見えます。

フードの付いたアウターやパーカー
などは、フードを内側に入れて
ハンガーに掛けるなどボリューム
ダウンしてタイトにまとまります。
ファーが付いているデリケートな
ものにはおすすめできませんが、
かさばるダウンコードは、こうし
てかけるとスペースの節約にもな
ります。

Daughter's Room

娘の部屋

娘の好きな色、白を基調にしてウォールフラワーを壁に付けたり、フリルのクッションカバーや、ふんわりしたベッドリネンをプラスしてあたたかみを出しています。

娘のお絵描き
子どもの頃、娘が描いた絵をまとめて100均ショップの
ファイルケースにしまっています。

マルチチェスト
ベッドサイドテーブルとして使っているコンポニビリ(P36)
は気軽に使えるリプロダクトを選んでいます。フチが立ち
上がっているので上に置いたものが落ちないので安心です。

色は感性も育む大切なものなので、子どもたち
が小さかった頃はそれぞれの好きなカラーを（娘
はピンクと赤、息子はブルー）インテリアに取り
入れていました。大きくなった今は自分の考え方
やスタイルも定着してきました。娘は私と同じで
白が好き。インテリアも白を基調に黒やシルバー
などを差し色にした空間が落ち着くようです。「自
分に必要な、気持ちの上がるものだけ持つ」こと
の心地よさを子どもたちも感じていて持ち物の見
直しも定期的にしているようです。

□ シェルフユニット

イケアのシェルフユニットで広い空間を仕切り、学校の教材や教科書や好きなものを並べて。上の段には子どもの頃から大切にしているぬいぐるみを飾っています。机の上のお掃除に除菌剤のポンプを、ベッド周り用にコロコロクリーナーを用意。空きスペースのゆとりの空間も。

□ 三段チェスト

（チェスト／ＩＫＥＡ、ＭＡＬＭ
チェスト引出し３コ）

主に文具が入っています。（仕切り／ＩＫＥＡ・
ＫＵＧＧＩＳ「仕切り（８コンパートメント）」）

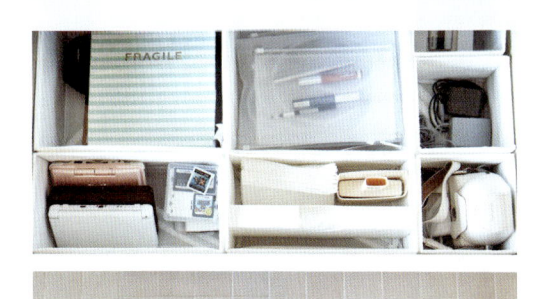

ゴミ袋や窓のおそうじ用品や充電器、カメラ、
ショップバッグなど。（仕切り／ＩＫＥＡ・
ＳＫＵＢＢボックス６点セット）

色えんぴつ、カラーペン、
ポーチなど。仕切りなしの
置くだけの収納です。

Son's Room

息子の部屋

黒やグレー、グリーンが好きな息子の部屋は
モノトーン使いが軽やかに見えるよう
フェイクグリーンを置いて、
自然の爽やかさもプラスしています。

ワゴン

イケアのワゴンＲＡＳＫＯＧをベッドサイドテーブルとして使っています。おそうじの際便利。卓上ライト、ティッシュ、コロコロクリーナーをおいています。

引き出し

キッチンで食器をストックしている引出の中（P33）と同じイケアのＳＫＵＢＢを入れて仕切っています。（ケース／ＩＫＥＡ、ＳＫＵＢＢ「ボックス仕切り付き」）

ベッドはそれぞれニトリ、ワゴンはイケア、ライトは無印良品、チェストとデスクはフランフラン。無駄のないシンプルなデザインのものを選んでいます。

□ スチールラック

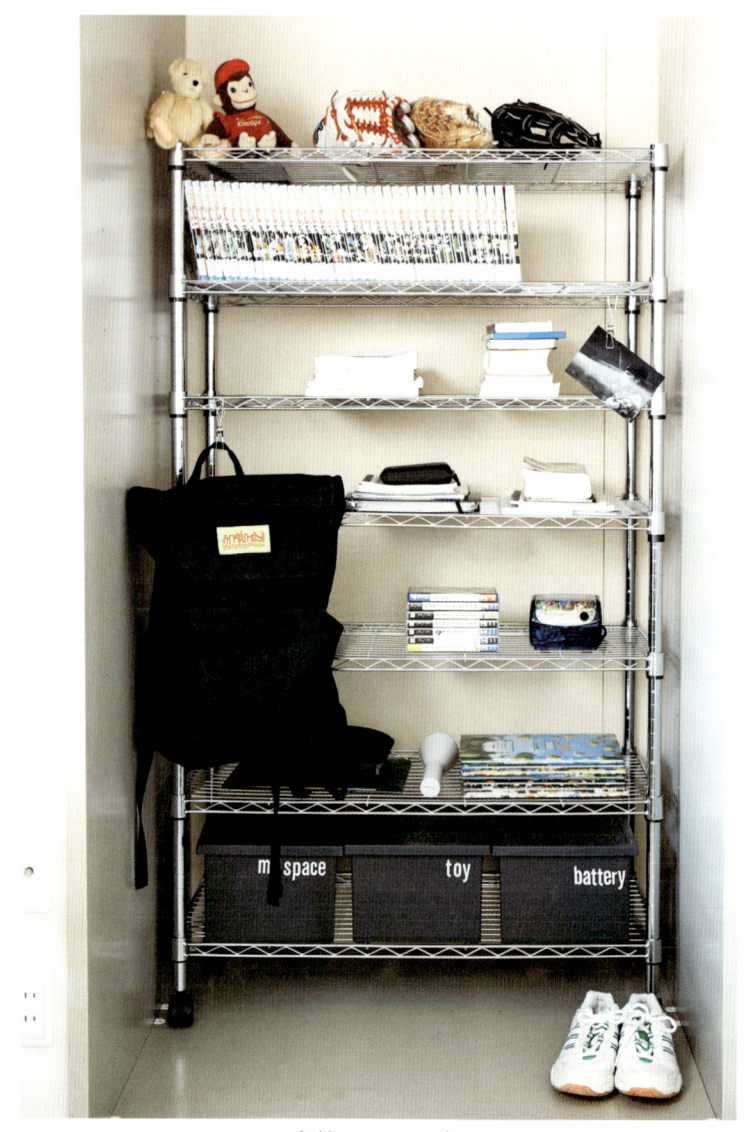

収納スペースの中

奥行きのある収納スペースの中は、スチール製の棚を入れて、収納のベースを作っています。マンガは立てて並べて教科書などの学校の教材はポンと置くだけ収納に。立てて整理するより楽な「置くだけ」が息子にとって楽な収納方法のようです。

思い出の品　Ⅰ

大人なっても大事にしたい、使わないけれどとっておきたいものがあります。
我が家では、家族がそれぞれボックスを持ち、中に入る分だけを残しています。

小さいころ大事だったもの

子どもの頃大切にしていたおもちゃや集めていたブリックベア。お
友達のお土産など残しておきたい思い出のものはこのＢＯＸに。（楽
天／ファボーレヌーヴォ「ボックス Mサイズ」）

作品、賞状など

思い出が詰まったものはプライスレスなので、取捨選択は慎重にしてい
ます。家族それぞれが1つずつのボックスを持ち、この中に入る量だけ
を決め、思い出を残しています。（楽天／ヴィスモ「70深 コロ付」）

思い出の品 Ⅱ

思い出の品は、手放すことはいつでもできますが、一度手放したら戻すことができません。
子どもたちと相談しながら厳選して残しています。

ぬいぐるみと絵本

子どもたちが好きだったぬいぐるみは各自の部屋に。絵本は特に好きだった
ものを選んで残しています。「好きな本を読んであげるというと必ずこの本を
持ってきたなあ」等の思い出がよみがえる、私にとっても大切な宝物です。

ネームタグ

出産時、産院で足首に巻いていたネームタ
グをぬいぐるみの足に付けて残しています。

おわりに

最近、ありがたいことに雑誌や情報紙等、
メディアの取材を受けることが多くなりました。
収納や整理整頓やインテリアの工夫を私なりにお伝えしていますが、
それでも、この本ほど詳細に我が家をお見せしたことはありません。

玄関からキッチンやリビングの引き出し、トイレの収納まで、
またオフシーズンのものが入っている納戸の隅々まで公開したのははじめてなので、
実際、今は少しドキドキしています。
私のブログやインスタグラムを見てくださり
ご連絡いただける方は、皆さん、
「どの場所に」
「何を使って」
「どのようにして」
片づけしているのかを詳しく質問してくださいます。

皆さん、私と同じように、
よりよく快適に暮らしたいと願っている方ばかりで、
似たようなことで迷い同じことでつまずき、同志のようだと感じています。
いただくご質問の答えになるものを発信したいと思い、
この本ではできるだけ具体的に詳しく紹介したつもりです。

まだまだ足りない点はあるかと思いますが、
もし、この本が皆さまにとってのヒントになれば
こんなにうれしいことはありません。

今後は私もまた、私なりのペースで、暮らし方をさらにブラッシュアップして、
毎日を大切に過ごしていきたいと思っています。

心よりの感謝を込めて

2016 年 11 月

Mari

Favorite goods

Staff

撮影
林 ひろし

アートディレクション
江原レン（mashroom design）

デザイン
堀川あゆみ（mashroom design）
高本由美（mashroom design）

校正
麦秋アートセンター

取材・編集協力
今津朋子

編集
包山奈保美（KADOKAWA）

Mari

ブログ「love HOME 収納＆インテリア」主宰。大学生の女の子と男の子、二人の子をもつワーキングマザー。AFT色彩検定1級。ラッピングコーディネーター、パーソナルカラーアナリストの資格を取得。好きな分野の資格を収納やインテリアに活かし、ブログやインスタグラムを通じて快適生活のためのマイスタイルを日々発信中。著書に『love ♥ HOME Mariのブラック・ホワイトな収納＆インテリア』『love ♥ HOME Style 美しくシンプルな収納のアイデア集』『love ♥ HOME Idea オシャレに暮らしを楽しむアイデア158』(すべて小社刊) がある。

Blog	love HOME 収納＆インテリア
	http://lovehome.blog.jp/
Instagram	@lovehome_5

the 収納

シンプルで美しい暮らしを作る片づけルール 決定版

2016年11月4日　初版第1刷発行

著者	Mari
発行者	川金正法
発行	株式会社KADOKAWA
	〒102-8177 東京都千代田区富士見2-13-3
	TEL　0570-002-301
	(カスタマーサポート・ナビダイヤル)
	年末年始を除く平日9：00〜17：00

印刷・製本　図書印刷株式会社

ISBN978-4-04-068742-1 C0077
©Mari 2016
Printed in Japan
http://www.kadokawa.co.jp/